気づきがあなたを変える

１００の心得集

気づき経営の元祖®

川西　修　著

まえがき

私が、おくさま印のお米を販売してすでに四〇年を超えました。創業以来、「小さな一流企業」を目指し、社員とともに必死でやってきました。しかし振り返ってみると、順風の時ばかりではありません。いやむしろ、向かい風の時が多かったような気がします。

まずは、創業時です。お米の業界に二四歳で参入独立をしました。しかし、御用聞きに回ってみると、昔からのお付き合いがあるから、と断られる日々が続きました。このままではやっていけない、どうしよう、と悩みました。それでも若さに任せ、顧客訪問を続けました。すると気づいたんです。一〇軒回って九軒が留守です。ちょうど時代は、夫婦共働きが盛んになった頃で、奥様は昼間仕事に行っています。帰ってみると米櫃にお米が無い。でも買いたくとも、他のお米屋さんは夕方の五時で閉まっています。日曜・祭日はもちろん休んでます。私は、それなら夜一一時まで、そして日曜・祭日も営業しよう、エレベーターの無いマンションの高層階でも喜んで配達します、としたんです。口コミもあって、一軒二軒とお客様が増え、九年から一〇年位かかりましたが地域一番店になりま

した。（C－4「最大のライバルはお客様の環境の変化に気づくことである」を参照下さい）

　こんなこともありました。外食産業が盛んになり始めた頃です。レストランを経営しているお客様から、お宅のお米はまずい、とクレームが来るんです。自分たちで炊いて食べたらおいしいのに、何故そう言われるのだろう。これも悩みました。先方に出向いてよく観察していると、あることに気づきました。お米を洗ったり、炊いたりするのは、新人さんやアルバイトの人が多いのです。お米の洗い方も雑、水の量もバラバラです。これでは、固かったり柔らか過ぎたりするはずです。それで、お店の一回で炊くお米の量に合わせ、一升釜なら一升入り、二升釜なら二升入りのパッケージにして届けました。そしたら、これは美味しい、とお客様からお褒めいただくようになりました。クレームをそのままにせず、形にして解決することが重要なんです。（C－29「クレーム処理は誠実に対応せよ」を参照下さい）

　そして、二〇〇一年です。これからは無洗米の時代が来ると、過大な設備投資をしました。でも当時は、まだまだ無洗米は受け入れられません。カビが生えるのでは、薬品を使っているのでは、と返品の山です。このままでは潰れてしまいます。眠れないほど悩みました。そこで気づいたんです。外食産業にこのお米を使えば儲かりますよ、と言おうと。洗わなくていいから、水を使いません、人手も要りません。水道代、人件費が大幅にカットできます。そして今や、無洗米は個人のお宅でも六割が食べるようになりました。時代の変化に対応するだけでなく、時代を作るんだ、という気

構えが必要なんです。（Ｉ－１「マイナス面の時こそ考え方次第でプラス面は必ずある」を参照下さい）

本書は、こうした私の悩んだ末の気づきを整理したものです。

人間関係について、内面生活について、仕事について、そしてそれらをまとめたエッセンスを、一〇〇の気づきとして並べてみました。

私自身、逆境にあって、諦めかけたことが何度もあります。それでも周囲の方々の支えと、どうしたらいいか、と本気で考え抜いたおかげで、その難局を乗り越えられたような気がします。

目標とは、人生をデザインする道具だと思います。達成のためには、諦めないこと、我慢することです。どうもうまくいかない、もう駄目だ。そう思われた時、本書を開いてみてください。どこから読んでいただいても結構です。どんなに苦しくても、明日はだれにでも平等に訪れます。ここに掲げた言葉の一つでも皆様の明るい明日に貢献できたら、著者として嬉しい限りです。

気づき経営の元祖Ⓡ　川西　修

目次

第1章　R：Relationship　人間関係についての18の気づき

第2章　I：Inner Life　内面生活についての23の気づき

第3章 C：Career 仕事についての36の気づき

終章　E：Essence　23の気づきのキモ

第1章

R：Relationship
人間関係についての18の気づき

R-1

内面を見ることが、成功法則のヒントである

素晴らしい人に出会ったり、
素晴らしい人にあこがれたり、
素晴らしい人になりたいと思う時がある
そして、人は素晴らしい人になるために、
その人のマネをしたり、いい点を盗んだりしようとする
その時、どんな点に注意すべきだろうか
私がよく使う言葉に、

「氷山の一角」という言葉がある

人には、外見、内面というものがあり、
他人に見える部分、見えない部分がある
氷山は、目に見える部分が一割、
見えない部分が九割とも言われている

人と接する時、人を知ろうとする時、
外見だけでなく、もっともっと内面を見るべきだと思う
素晴らしい人、成功している人、優秀な人
こう言われる人は、実は毎日の努力や、挑戦を積み重ねた人
が多く、内面の素晴らしい人が多い
その人の内面を知ることであなたの成長のヒントを見出そう

素晴らしい人の
内面を見ることで、
自分の成長のヒント
を見つけよう。

自分より すぐれた人から学ぶ

人生にマニュアルはない、とよく言います。でも、教科書は実はいくらでもあるのではないでしょうか。

人の生き方を見れば、そこに多くの学びがあります。善や悪も、成功や失敗も、喜怒哀楽も、人々が見せる全てが、最高の教科書になります。

私が若いとき、先輩風を吹かす人がいました。

でもお山の大将になった時、成長は止まります。自分が一番だと勘違いしてはいけません。

そして重要なことは、人の話をよく聞くことです。

素直で謙虚な気持ちであれば、相手の内面を見ることができます。

自分より高い能力を持った人から学ぶことです。

相手の内面を見ることができる人は、自らの内面も美しくすることができます。

自分にない能力を持った人と、積極的に付き合いましょう。自分より優れた人をモデルにして、自分の能力を高めるよう努めることが大切です。

常に上には上があり、**世の中には自分より優れた人が数多くいる**ことを忘れないようにしましょう。

R-2

信頼は小さな実績の積み重ねである

人々の信頼を集めている人は、
小さなことでもなおざりにしない
些細なことにも丁寧に対応してこそ、
信頼される人になる
些細なことをいい加減にしている人は、
人から信用されない
小さなことでも
真剣に取り組む姿勢こそが、
大きな信頼を勝ち取る近道になる
小さいことができる強みが、
自分の強みである

些細なことにも
真剣に対応すること
を続ければ、
信頼される人になる。

R-3

一つの言葉の大切さ

人を思いやる大切さは、誰もが知っている
しかし、職場では、なかなかできない場合がある
また、自分ではしているつもりでも、相手は感じていない場合もある
私は、職場でも、思いやりを持って仕事をしてほしいと思っている
そして、思いやりは、特に言葉で伝えて欲しい
「ちょっと手伝おう」とか「何か私にできることはないか」とか、
「一緒にやろうよ」とか「一緒にがんばろうよ」とか「大丈夫？」とか、
心にちょっとした思いやりがあれば、言葉に表れるはずである

人は、一つの言葉に喜び、一つの言葉に怒り、
一つの言葉に泣き、一つの言葉に笑う
一つの言葉が、人生を変える
言葉の持つ力は偉大である
相手の立場に立って言葉の言える人間になろう
ちょっとした思いやりの言葉を積み重ねることで、良い人間関係が築いていける
思いやりの言葉が、人間関係を良くするのである

ちょっとした
思いやりを、
言葉で伝えよう。
思いやりの言葉が、
人間関係を
良くする。

R-4

「お陰様で」という気持ちを持つと生きる重みが分かる

学校に行けたのは、親のおかげ
勉強を教えてもらえたのは、先生のおかげ
毎日ご飯が食べられるのは、仕事のおかげ
仕事ができるのは、会社のおかげ
会社があるのは、お客様のおかげ
生きていられるのは、元気のおかげ
毎日がんばれるのは、家族のおかげ
人生が楽しいのは、友達のおかげ
「お陰様で」という言葉、私は大好きだ
誰もがお陰様で生きている
お世話になった人に感謝する
家族に、仲間に、感謝する

仕事があることに、お客様に対して感謝する
そして生きていることに感謝する
感謝する心を持ち、感謝を伝えられる人になれば、人間とし
ての器も広がる

感謝する心が
自分の器を広げる。

感謝の気持ちを忘れずに

人間関係で、一番嫌われやすいのは、どんな人でしょうか。私は、自己中心的な人だと思います。自己中心的な人は、周囲の人間のことを考えず、「自分がうまくいけばＯＫ」なのです。でも人間は、一人で生きているわけではありません。どうしても協調が必要になってきます。自己中心的な人は、常に自分を中心として考えるため周囲と衝突しがちで、協調が生まれません。周りの人がいて、自分がいる。このことをいつも意識して日々を生きましょう。

素晴らしい業績を上げ出世した人。起業して大成功した人。尊敬に値します。しかし、その人の言動に、おごりの気持ちが見え隠れしたら……。やっぱりその価値は下がってしまいます。

成功の陰にはさまざまな人の協力、支援があったことでしょう。でもそのことを忘れ、自分の力だけで成功したと思うと、人は傲慢になり、周囲の反発を買うことになります。

「おごれる者久しからず」です。いくら優れた業績を築いても、おごれる人は感謝の気持ちを忘れ、その結果、傲慢になります。感謝の気持ちを忘れた人に、幸運は巡ってきません。

成功者は常に感謝の気持ちで人や周囲に優しく接しています。

R-5

最大の恩返しとは、自分の成長した姿を見てもらうことだ

人は誰しも一人では成長できない
多くの人から愛の手をさしのべられ、
多くの人の世話になって成長する
その人たちへの最大の恩返しは、
言葉や品物ではない
自分の成長した姿を見てもらうことだ
成長した姿を見せて、
その人たちの気持ちに
報いることである

努力の先には、
恩返しできる
喜びがある。

R-6

自分が変われば周りが変わる

人は環境の良さを好み、良い環境を作ろうとする
そのため、良くない人のことが気になる
良くない人の悪口を言いたくなる
しかし、良くない人に対して、
その人の良くない点や、変わって欲しい点を伝えても、
実際変わる人は少ない
こんな経験をした人が多いのではないだろうか

誰かを変えたい場合、
相手を変えようとするより、
自分が変わる方が簡単
自分が変わる方がたやすいのである

まず先に、自分が変わろう
自分が変われば、部下が変わる
自分が変われば、上司が変わる
自分が変われば、会社が変わる
自分が変われば、家族が変わる
自分が変われば、周りが変わる
自分が変われば、生き方が変わる
自分が変われば、生きる世界が変わる
自分が変われば、素晴らしい人生が待っている
こんな簡単こと、
もっともっと真剣に取り組もう

周りを変えるより、まず自分が変わること。自分が変われば、周りは変わる。

自分をまず変えよう

朝出勤すると、「おはようございます！」という明るい声があちこちで響くオフィスなら、「今日も一日頑張れそうだ！」と、やる気がみなぎります。反対に、みんな表情が暗く、入ってくる人も黙ったままのオフィスだったら、一気にやる気が失せます。

つらい時もあるでしょうから、いつも元気でいるのは難しいですが、無気力が外に表れていると、周りも暗くなります。一人そんな人がいるだけで、その場の雰囲気が悪くなってしまいます。誰が無気力な空気の漂うところで仕事をしたいと思うでしょうか。

職場では、明るく元気に仕事をしましょう。気分が乗らないときは、気持ちを切り替えて気力を充実させます。気分は、ちょっとしたことで転換できます。

デスクを片付けてみる。
コーヒーを飲む。
服装・髪型・通勤ルートを変えてみる。
違う分野の人と会って話をしてみる。

あなたが元気になれば、きっと職場も明るくなります。自分をまず変えてみましょう。そうすれば職場が変わります。

伸びる人間は、自分が変わろうとします。
沈む人間は、相手や周りを変えようとします。

R-7

素敵な人と出会うには自分が素敵な人でなければならない

自分自身を育ててこそ、いい出会いがある
素敵な人に出会うには、
自分が素敵でなければならない
価値が高い人と出会いたければ、
自分が価値ある人間に
なっていなければならない
なぜなら、
人は自分のレベルにあった人と
知り合うものだからだ
良きパートナーと出会えば、
お互い成長できる

良きパートナーに出会うには、自分から良きパートナーシップを発揮しなければならない。

R-8

人生は出会いと別れの連続である

人生には、出会いと別れが多くある
それは人生のその時点に、必然的に起こる
出会いにも、別れにも、意味があるのだ
出会うべくして出会い
別れるべくして別れる
出会いは人生の宝である
人との出会い
言葉との出会い
本との出会い
仕事との出会い
会社との出会い
さまざまな出会いが人生の宝になる

そして、人には別れがある
人には、いろいろな別れ方がある
いい別れもある、悪い別れもある
今まで、どんな出会いと別れがあっただろうか
その時、どんな気持ちだっただろうか
人生は出会いと別れの連続である
一つ一つの出会いと別れが、
自分にもたらす意味を大切に考えたい

出会いを人生の宝とし、別れを再会への希望につながるものにしてほしい。

良い別れ方をしよう

私も、今まで
いくつかの別れを
体験しました。
別れは、とても辛く、
悲しいものです。

しかし私は、別れは悲しいものだけではなく、また出会うためのものだと思うようにしています。**「別れは再会のためにある」**と考えるようにしているのです。

再会を楽しみにするからこそ、良い別れ方ができるのだと思います。再会を楽しみにできない別れは、多分、良い別れではないでしょう。

私の会社でも、退職する人が暗い顔をして辞めていくことがありました。最初はそれも仕方がない、と考えていました。しかしそのうち、自分が切ない気持ちになることに気づきました。

今では、別れを大切に、と考えて、声をかけるようにしています。

「あなたのおかげで助かった」
「あなたの力で会社が成長できた」
「あなたは会社の財産となった」

そして、こう付け加えます。

「いつかまた会えることを楽しみにしています」

私は、一瞬の出会いも、一瞬の別れも、大切にしてほしいと思います。

人生には、様々な出会いと、様々な別れが

あります。

　その一瞬一瞬を大切にしてほしいと思います。そして別れは、またいつか、どこかで出会えるためのステップだと思ってほしいのです。

R-9 知ったかぶりをするのをやめよう

「ああ、聞いたことありますよ」「そうらしいですね」
知らないのに知っているかのような相槌を打ったり、適当な返事をする人がいる
こういう人は、調子のいい人間と軽く見られてしまう
また、面倒だからとか、いまさら知らないとは言えないからといって、
理解したふりをして話を聞く人も同様だ
結局後でばれて、赤っ恥をかくことになる
知らないことは「ちょっと存じ上げませんでした」と正直に答えるのが良い
逆に知らないことについて知識を得られる絶好の機会である

周りを冷静に見てみよう
率直な人は成長が早いのではなかろうか
知ったかぶりをする人は、せっかくの成長のチャンスを逸している

「聞くは一時の恥、聞かぬは一生の恥」。ありのままを相手に伝えよう。

ありのままを話そう

人は誰でも多かれ少なかれ、知ったかぶりをしてしまうものだと思います。私もついついそうしてしまいそうになります。

会話に、突然知らない言葉や聞いたこともない人物が出てきたり、知らない情報が話題になったりしたら……? 会話に参加しているみんなは知っているようだ。常識なのかな? 知らないのは自分だけ? テレビや新聞に出ていたんだろうか? これは知らないと恥ずかしいかもしれないな……! と、あせってしまう時があります。目上の人や地位のある人との会話なら、なおさらです。ここは一つ、知っている体裁で話を続けてみよう……なんて思いたくなるのも無理はありません。でも今思い返してみると、その場しのぎで知ったかぶりをして、ロクなことになったためしがありません。

恥ずかしかった私の知ったかぶりを一つご披露しましょう。得意先で、たわいのない雑談をしていました。相手の方が、「川西さん、海外へ行かれたことはありますか?」と私に聞きました。当時私はまだ海外へ行ったことはありませんでした。それなのに、「ありますよ」と答えてしまったのです。

この人は今どき海外に行ったこともないのか、なんて思われてバカにされるのでは、とつまらない想像をし、無理な背伸びをしてしまったんです。すると、「どちらへ?」と。まぁ、そうなりますよね。ここで私はもう引くに引けなくなり、あろうことか「カナダへ行きました」と、大げさに出まかせを口走ってしまいました。ここからなんです、困ったのは。

「おお、そうですか! どちらの空港から入られました?」と、なぜかエラい細かい質問をしてくるんです。実はその人、近々カナダへ行く予定をしていて、行ったことのある人からいろいろ聞きたいと思っていたそうなのです。あるんですねぇ、こんな偶然が。今さら「いや、実はウソでして」なんて恥ずかしくて言えません。どう話をつなごうか、頭をフル回転させて必死に考えますが、カナダの空港なんて知るわけがありませんから、当然答えられるはずもありません。

冷や汗をかきながら、ゴニョゴニョとお茶を濁しました。相手は「じゃあほかの人に聞いてみますね」と言いましたが、私の知ったかぶりがばれていたかどうかは今でも分かりません。妙な人だなぁ、なんて思われていたかもしれません。

以来、二度と知ったかぶりはするまいと心に誓いました。分らないなら「分りません」、知らないなら「知りません」とありのままに答えます。

私は、相手に知らないことがあっても決してバカにする気持ちにはなりません。知らないことなんて、誰にでもたくさんあるのですから。

知ったかぶりはやめましょう。ありのままを話せばいいのです。

R-10

出会いは第一印象が決め手である

最初の「第一感」が案外正しい、という説がある
良い出会いは、第一印象が良かった時が多い
第一印象が悪いと、相手は悪い印象を持ち続ける
人の出会いは、
第一印象でおおかた評価されているのである
自分はどんな第一印象を与えているだろうか
素直にかえりみることが必要である
良い第一印象は、
本気の笑顔、
本気で相手の心を動かせる言葉、
本気でうなずいて、聞いてあげる姿勢から
生まれる

別れ際に、「会えてよかった」「今度いつ会えるか」といった言葉が添えられたら、一流の第一印象が築かれたことになる

良い第一印象を与えられるよう、常に心がけよう。

R-11

NOと言うことも大切

無理な要求や不可能なことを要求されて、NOと言えない人がいる

「解りました」と承諾してしまうと、結果的に相手の要求にこたえられなくて困ったことになる

ビジネスシーンなら、とりかえしのつかない事態を招くこともありえる

NOと言うのは、失礼なことではない

どう考えても不可能だ、無理だ、と思えることを無理強いされて悩むよりも、

その場で問題点を述べてNOと答えた方が、

相手も譲歩した方法を逆に提案してくれる場合が多々ある

命令だからと簡単に受けると相手も安心して任せてしまい、

後々うまくいかない場合に、
だまされたようなとらえ方をされかねない

できないことは、
勇気を持って
NOと言おう。

R-12

一度会った人の名前を覚える努力をしよう

いつまでたっても相手の名前を覚えられない人がいる
自分だったらどう思うだろうか?
「私ってそんなに印象が薄いのか?」とがっかりするのではないか?
失礼な話だと思わないだろうか
一度会った人の名前は、覚えておく努力をしよう
覚えることで相手からの印象も変わる
覚えようとしない人は、相手を軽く見ていると思われても仕方がない
その軽く見ている人がいつ自分にとって重要な人になるかも知れない
名刺を交わしたら、できるだけ覚えるように努めよう

これは人としてのエチケットである
相手に話しかけるとき、「〇〇さん」と名前を言うようにすれば覚えやすいはずだ

会って五分以内に、三回程度、名前を言ってみよう。

名前を覚えよう

ビジネスで、お付き合いで、毎日毎日たくさんの人に会いますよね。一度や二度会って会話を交わしただけでは、なかなか相手を覚えられるものではありません。

しかし次回会ったときに名前が出てこないと、ばつが悪いし相手にも失礼だし、なんとかしたいものです。

私が相手の名前を覚えるためにまず心がけていることは、**会話の中で「相手の名前を呼ぶ」ことです。**

「そうですよね、川西さん」「〇〇については、いかが思われますか、川西さん」

自分で務めてそう呼ぶことによって、相手の顔と名前が自分の頭の中に、より記憶されやすくなります。私は初対面からこうして相手の名前を口にします。名前を口にすることによって、親近感がお互いにわき、心の距離がせばまります。

次回会ったときも、

「ああ、川西さん、こんにちは!」「お久しぶりです、川西さん!」

と、真っ先に名前を口に出して挨拶をするのです。

これを心がけておけばなかなか忘れることはありませんし、何より相手にも喜ばれます。

ただ、私は一日に二百人以上と名刺交換す

ることもあります。

さすがに全員覚えることは不可能です。そういうときは、大変申し訳ないのですが、特に重要な人、今後お付き合いが続きそうな人などを優先して記憶にとどめるようにします。後で、その記憶が鮮明なうちに、名刺に、会った日付と場所、「メガネ」、「○○出身」など相手の特徴を書き込んで保存しておきます。

それでも次回会った時に思い出せなかったら……？

私の使うテクニック（というほどでもありませんが）をご披露しましょう。

ここで、相手に名前を聞いたり、「お名前を忘れてしまって……」などと絶対に言わないこと！　感じが悪すぎます。相手は「知ってくれている」と思っていますから。まず、

「ああ、こんにちは！」

と元気に挨拶。何食わぬ顔で会話を続けます。でも頭の中では、その会話の中で相手の名前が引き出せるヒントを必死で探ります。

ほかの人も交えて会話すると、そこから相手の名前やヒントが出てきます。たいてい、これでなんとかなるものです！

実を言うと、なかなか私の名前を覚えてくれない知り合いがいます。いつも私を見つけると元気いっぱいに挨拶しにきてくれるのですが、先日会った時も元気よく

「どうもどうも！　西川さん」

と呼ばれてしまいました。会うのはもう八回目なのに……（苦笑）。

R-13

心得次第で魅力ある人になれる

人は心得次第で仕事の仕方が良くなる
その心得とは
喜んでいただけるのも一つ
サービスを発揮するのも一つ
面倒な仕事でも、自ら率先して行うのも一つ
手を差し伸べるのも一つ
自分の魅力を高めるためには、心得を見直そう
心得ひとつで自分の幸せにつながる
幸せには三つの幸せがある
してもらう幸せ
してあげる幸せ
できる幸せ

してもらう幸せばかり求めず、
してあげる幸せ、できる幸せを求めよう

自分の魅力を
高めるためには、
心得を見直そう。

人を大切にしよう

周りの人が見えず、常に自分中心で行動する人がいます。こういう人は、誰にも相手にされず、意見をしてくれる人もおらず、気が付けば孤立していた、なんていう状況を招きかねません。

当然、仕事にも悪い影響が出てくるでしょう。周囲の人を思いやる気持ちを持たない人は、周りの人にも愛されません。

人を大切にしないで大成した成功者など見たことがありません。自己を愛するように他人を愛し、他人に思いを馳せる、そうすれば自然にあなたの周りにはたくさんの人が集まり、協力者も増えるでしょう。

人を大切にする気持ち、それは**人を思う気持ちを高めること、ときには自分を捨てて相手を優先することも必要です。**

私は、イベントや行事に参加したり、展示会に招かれたり、人の集まる所に行く機会がたくさんあります。

そのような時は、一番最後に整理整頓、後片付けをして帰るように心がけてきました。

何故なら、こうした行事では、主催者はもちろん関係者の皆さんも、運営に疲れています。

だから最初のスタート時より、最後の後始

末に力を注いであげることで、少しでも手助けになれば、との思いからです。

「してあげる幸せ」によって、多くの人に愛され、「ありがとう」と言われることに気づきました。

「してあげる幸せ、できる幸せ」を求めましょう

R-14

積極的傾聴に努めよう

聞く耳をもって人に接する態度を「積極的傾聴」という

良好なコミュニケーションが築かれていない職場で、部下が上司に相談を持ちかける時、

多くの場合は、すでに火の手が上がってしまった火事の相談が多い

上司に知られずに消火しようと努めたものの、にっちもさっちもいかなくなって、「実は……」と切り出す

人前で上手に話せるようになるためにはそれなりの時間と訓練を要する

しかし上手に聞けるようになるのには、それほどの労力は要らない

相手の立場に寄り添ってどこに共感をできるかを考えながら

最後まで忍耐強く聞き続けること
積極的傾聴の上司の下で部下は育つ

積極的傾聴に努めて、
部下の成長に
つなげよう。

話の腰を折るな

「先日、仕事で横浜へ行ったんですよ。そしたら……」と、一方が話し始めるや、「私のカミさん、実家が横浜なんですよ！」と何の関係もない自分の話を突っ込んできて話の腰を折り、相手の話を取ってしまう人がいました。これをされたら、本当に不愉快です。悪気はなく、単なるおしゃべり好きな人なのですが、こちらは話をしたく無くなってしまいます。

人の話を最後まで聞かないのは、とても失礼なことです。また、話の途中で勝手に早合点して「ああ、知ってる。○○なんだよね」と話を終わらせるのもよくありません。

何か言いたいことがあっても、とにかく相手の話をきちんと聞きましょう。それが、常識ある社会人のコミュニケーションです。

話の腰を折らないよう、常に心がけましょう。

R-15

自己紹介は場所・状況に応じた話題を選ぼう

自己紹介の下手な人は、自分の存在を相手に印象付けられず、
場合によっては不快な印象すら与えてしまう
自己紹介はあらゆる意味で自分をアピールする
チャンスである
自己紹介は単に名前を覚えてもらう
機会ではなく、
いかに自分を印象付けるかが
ポイントである
自分をアピールする時は、
自慢話のように相手を不快にする
ような話は避けよう
場所や状況に応じた話題を
選べるようになろう

自己紹介は、
いかに自分を
印象付けるかを
工夫しよう。

スマートな自己紹介をしよう

自己紹介をする場は誰にでも、いろんなシチュエーションがあります。ところが自己紹介ベタのなんと多いことか！

自己紹介が下手だとビジネスでは確実に損です。それだけでいろんなビジネスチャンスを逃がしてしまいます。

私は自己紹介するときに必ず心掛けていることがいくつかあります。まず名乗るときですね。

①「私は川西修です。川の西で生まれました。世の中を修められるような人間に成長しなさいと親が付けてくれました」

こうして自分の**名前の由来**を簡単に説明するフレーズを付け加えるのです。それだけではじめのインパクトがまったく変わってきます。

生年月日を言いながら、こんなことも付け足します。

②「昭和二十一（一九四六）年○月○○日生まれ、今の日本の成長期を支えてきた一人であります」

次に**自分が何者か**を紹介するのですが、これも普通にしていては誰も覚えてくれません。

わたしはちょっと工夫して、

③「世の中の人々を幸せにする米の流通の

仕事をしています」

最後に、趣味やプライベートのことについて。これも簡単でいいから触れます。この部分はある意味、一番興味を持って聞いてもらえるところです。私の場合は、

④「趣味は人との出会いです」

などということが多いですね。趣味自体は何でもいいのですが、**その趣味と自分の人生の関わり**、どんな影響を及ぼしているか、いかに心を豊かにしてくれているか、そういった点を述べるのが大事です。

ここで気を付けるのは、絶対に自慢になってはいけないということです。よくいるんですよ！「有名大学を優秀な成績で卒業して……」なんて、自分で「優秀」なんて言うな！って思いますよね。「孫が三人おり、上二人は東大、末っ子は京大で……」といった孫や子供自慢も聞きづらい。自分のことですらありませんからね、それ。誰が人の子供や孫の学校に興味があるんですか。

だいたい、前述の①②③④の要素を基本の要素にしています。

そして、自己紹介の時間やそのときのメンバーに応じてバリエーションを用意しておくんです。

一分間程度なら、この四要素をさらりと述べるくらいがちょうどいいでしょう。

しかし三分間とか、ちょっとしたスピーチ程度の長い時間を与えられたらどうしましょう。

例えば私なら①のところで、ただ「川の西」というだけでなく、「ふるさとのにおいや景色が味わえる大切な場所です」といった思い出を語ります。

また④のところで「仕事の中で一緒に歩んできたかけがえのない仲間がたくさんいます」と、これまでの歩みについても付け加えることがあります。

そうやって四つの基本の骨組みに関連付けた展開で膨らませていくと、スマートな自己紹介になりますよ。

R-16

前向きな人間を友に選ぼう

前向きな考え方をするのと
消極的な考え方をするのでは
脳の活力が違ってくる
前向きな考え方をすれば
気分的にも楽しく体調も良くなる
集中力も高まり良いアイディアが
出やすい
友を選ぶなら前向きな考え方を
持った人を選ぼう

**友は、前向きな
考え方を持った人を
選ぼう。**

良い友を選べ

私は仕事柄、色々な企業の交流会に参加させてもらっています。時間的には負担も大きいのですが、そこで出会った方々から、いろいろな刺激や教えを頂き、それは何ものにも変え難いものです。費やした時間を遥かに超える、有り難い経験をさせてもらっているな、と思います。

そんな中で、最近出会った素晴らしい方をご紹介しましょう。

現役時代は商社にお勤めで、有名な海外のスポーツ用品メーカーを、日本に初めて紹介されました。今は、ある会社の相談役をされていますが、なんとお歳は九十歳を超えておられます。それでも、いつも壮健で笑顔を絶やされません。

あるとき、その方の実家の「家訓」の話を聞きました。お家は代々続く商家で、文政九年から伝わる家訓があるんだそうです。全部で三つあります。

どれも素晴らしいのですが、特に感銘を受けたのは、次の一節でした。

一、**友達は智恵の交換する友を選べ。**
物を交換する友は別れるのが早い。

文政九年というのは、今から二百年ぐらい前です。やはり先人の教えというのは、大したものだと感心しました。

人と人とは、心のつながりが大事だ、物でつながっている間は本物ではない、ということだと思います。

なお、後の二つも深い意味のある言葉です。

一、人の幸せを喜べる人となれ。
人の幸せを喜べるためには自分が幸せでなければならない。

一、子供は三才までに辛抱すると云う事を身につけさせよ。
辛抱する事を教えられなかった人ほど不幸な人はいない。

わが身に省みて、思い当たることが多い言葉でした。こうした家訓を先祖が書き残し、それを代々守っているお家というのも、素晴らしいと思いました。

R-17

チームワークを大切にしよう

プロジェクトを一致団結してやり遂げなければならない時がある

社内で大きなイベントが開催される時がある

そんなとき、やる気のなさそうな態度で職場の盛り上がった雰囲気に水を差す人がいる

職場のみんなから疎まれている、そんな人はいないだろうか

仕事と関係ない行事がある

忘年会やボーリング大会、社員旅行や大掃除など、いろいろある

自分の都合を優先して、「私はこんなことはやりたくない」という雰囲気を漂わせている人がいる

面倒な後片付けになると姿を消して、終わった頃に車の陰か

らこそこそ姿を現わす人もいる
どんな職場でも共通して言えるのは、チームワークが何より大切ということだ
たとえ仕事以外でも、職場のみんなと常に同じ意識を持って、周りを見ながら行動しよう
いくら立派な志があっても、ワンマンプレーでは組織的な仕事ができない人になってしまう

チームワークを大切にしない人は、組織人ではない。

場の空気を読もう

場の空気を読めない人がいます。

そのために、自分のことしか考えていない自己中心的な人と思われます。

協調性が無いと言われます。

周りから〝要注意人物〟とされている人は、だいたい空気の読めない人です。

なぜ場の空気が読めないのでしょうか。

それは、状況判断ができないからです。

ではなぜ状況判断ができないのでしょうか。

結局、他人に関心を持っていないからです。だから場の空気を一瞬のうちに白けさせてしまうのです。

これを改善するのは、難しいことではありません。相手を観察し、相手の気持ちと何を求めているのかを想像しましょう。そうすれば、場違いな発言は少しづつ減っていくはずです。

まず、他人に関心を持ちましょう。

そうすれば、チームプレイができます。

そしてチームワークは、最大の力強さに変わります。チームワークとは、野球で言えば、全員野球をやること、試合に出ている九人だけではなく、ベンチも入れて全員でやることです。チームワークを完成させた集団や組織は、成長スピードが早いのです。

弊社は、「おくさま農園」という小さな菜園を敷地内に作っています。その農園で、各部署が一つの作物を担当するようになっています。そこで収穫した作物を、自分たち以外の部署に食べてもらう、一方で他の部署が栽培した作物を戴ける、という農園です。この活動を通じ、チームワークの大切さを一人一人が気づくことができます。

「おくさま農園」は、言い替えれば「チームワーク、コミュニケーションの気づき農園」なのです。

R-18

注意してもらって人は気づき成長する

人は注意されて成長する
注意してくれる人は、
親、
先生、
友人、
会社の先輩、
会社の上司、
知人等、さまざまである
あなたは今、注意してくれる人が、
周りに何人いるだろうか
注意するというのは、
相手に関心や愛情を持っているからこそ、

もっと良くなってほしいという願いからである
注意とは、相手の為に行う行為である
注意された時は、
自分のあやまちに気づき、
成長できるチャンスである
注意された時は、その受け止め方が大切であり、
受け止め方次第で、成長できるかどうかが分れる
人は人生経験を重ねると、
だんだん注意してくれる人が少なくなってくる
自分に関心を持って、
自分の為に注意してくれる人を、
大切にしてほしい

注意してくれる人を大切にし、感謝しよう。人は注意してもらって成長する。

第2章

I：Inner Life

内面生活についての23の気づき

I-1

マイナス面の時こそ考え方次第でプラス面は必ずある

どんな状況でも常にマイナス思考の人がいる
プラス思考で考えるのは、
パワーがいるし、疲れることも多い
その点、マイナス思考は
何もしなくていいので、楽だ
でも、それでいいのだろうか？
マイナス思考で
勝手に限界をつくっていれば、
何をやってもうまくいかない
つらくても、
マイナス面の中のプラス面に目を向けよう
どんなことでも考え方次第でプラス面は必ずある

そこに目を向けて初めて、
急な坂道でも険しい道であっても、
乗り越えることができる

つらくても、
きつくても、
プラス思考になって
前向きに取り組もう。

プラスの意識を持とう

私はまだまだ修行が足りなかったせいか、ときどき自分がだめな人間だと思い、やる気がなくなることがありました。そんな時は、もう何もかも投げ出してしまいたい気持ちになったりもしました。

何かに取り組もうとした時、以前に同じことで失敗したことを思い出し、取り組む姿勢ができないまま、ずるずると時間が経過していきました。その結果、なんの成果も出ずに終わってしまうのです。

これは、自分の過去のマイナスを意識しすぎており、マイナスの意識をプラスの意識へと変化させずにマイナスをマイナスのまま受け継いでいたからに他なりません。

ここで言うマイナスの意識とは、あきらめ、挫折、失敗、後退、批判などの気持ちを持つことです。一方、プラスの意識とは、熱意、信頼、やる気、行動、能力を高める気持ちを持つことです。

人は、マイナスの意識のみでは、何をしても悪く考えてしまい、励みを持てなくなります。人の成長を妨げ、やる気を失わせてしまいます。その結果、行動力が低下し、自分はもうだめな人間だと思い込み、もうできないという言葉ばかりを口にするようになってしまうのです。

そして、それを聞いている周りの人にもマイナスの意識は伝染し、皆ができないと言いだしてしまいます。本人は自分で気づかないうちに、自分だけでなく周りまで、『できない人間』にしてしまうため、その集団自体が『できない集団』となってしまうのです。たった一人のマイナス意識が、いかに周囲に悪影響を及ぼすかを理解しなければなりません。

私はこういう場合、『**とことん苦しめばいい**』と思っています。

例えば、大きな負債をかかえて生きるか死ぬかという瀬戸際に立たされた時、もうこれ以上悪くならないわけですから、マイナス意識もこれ以上にはなりません。やるしかないという思いをすれば、人は自然にプラスの意識にならざるをえなくなります。

マイナス意識をプラスに変えるためには、『**苦しくてもあきらめないこと、継続していくこと**』が大切です。あきらめてしまっては、本当に岸壁から海に飛び込むことになりかねません。自分の意識を全てプラスに働かせて継続することにより、何事も前向きに取り組み、積極的に進めることができるようになります。

各人がこうしたプラスの意識を持つと、その集団は皆が生き生きと行動力にあふれ、成果を上げてきます。

私は、『プラスの意識は行動力を強化する』と信じています。プラスの意識こそ、我々の弱気を撃退し、行動に活力を与えてくれる起爆剤なのです。

Ⅰ-2

どんなに苦しくても明日は必ずやってくる

誰にだって、苦しい時がある
誰にだって、苦しさから逃げたい時もある
人は苦しいと、なぜ自分だけ苦しいのかと思ってしまう
なにもくよくよすることはない
誰にだって、苦しい時があるのである
苦を味わい、苦を乗り越えれば、
楽が訪れると思えばよい
苦あれば楽ありである
苦は楽になる序章、
苦は楽になるステップと思えばよい
そして、どんなに苦しくても、
明日という日は必ずやってくる

明日という日、
あなたにとって、いい明日になるかどうかは、
今日の過ごし方にかかっている
明日をいい一日にするため、
今日をしっかり終えようではないか
今日に感謝し、
必ず明日を素晴らしい日にしよう

どんなに苦しくても、
明日は必ずやってくる。
よい日にできるかは、
あなたの今日に
かかっている。

Ⅰ-3

風の向きを変えることはできないが、風を利用することはできる

誰にでも、できることとできないことがある
特に自分の力では、
どうしようもできないこともある
社会に吹く風は、変えられない
時代が吹き起こす風は、変えられない
自然の風の向きも、変えられない
一人では、風の向きは変えられないのである
自分の力で、どうしようもできない時、
自分の力のなさに悩んでしまう時、
それでも何かできることはないか考えてみよう
変えられない事に対しても、
少しでも状況を変えられる方法を考えればよい

風を変えることはできなくても、
風の受け方なら変えられる
真正面から体で受けるか、
風を味方につけて帆で受けるか、
自分の考え方次第である
風をよく見て、帆を張ろう
風をよく知り、風に乗ろう
風に乗って進むことも、
生きるための知恵である

風の向きを変えることはできないが、風を利用することはできる。

1・4

自分を見直すヒントは自分にある

イヤな時、うまくいかなかった時、
ミスをした時、成果が出ない時、クレームがきた時、
こんな時、人はどう考えるか、
うまくいかないのはお客様のせい、
ミスをするのは上司の教え方が悪いせい、
成果が出ないのは商品が悪いせい、
と考える人がいる
しかし、どうだろう
同じ環境で成果を出している人は必ずいるはずである
同じ環境でミスをしない人もいるはずである
ミスや成果が出ない原因を考えてみよう
多くは、ミスをするのは自分の不注意

成果が出ないのは、努力・工夫が足りないため
結局、うまくいかないのは、自分の努力不足・工夫不足・不注意等によるものが多い
自分を見直そう
問題は自分に有ると思えると、改善がしやすい
うまくいかない時、自分自身に何が欠けていたかを考えよう
自分自身を見直せる人は、ますますできる人となり、
自分自身を見直せない人は、成長が止まる

自分を成長させる鍵は、自分を見直すこと。自分を見直すヒントは、自分にあり。

敵は自分の中にいる

私は、自分の過去を振り返ってみますと、山あり谷ありの人生を、自分なりに一生懸命進んできました。私ががんばって来れた原動力の一つに、幼少時代に経験した生活困窮の苦しみがあります。この言いがたい苦しみがバネとなって、私に力を与えてくれたと思います。

そして、私がこの人生を通して学んだことのひとつに、『**自分の敵は、自分自身**』というのがあります。

若いころは、自分の周りの人のことが気になりがちです。特に、同年代や同期入社の人には、ライバル視して競い合ったりする場合もあります。それはおそらく、自分だけが仕事を成功させたいとか、あいつにだけは負けたくないとか、そういう自己中心的な考えから出ているのかもしれません。

ひどい場合、自分がミスや失敗をしても、ライバルのせいにしてしまったりします。悪いのは他人で、自分はちっとも悪くないというわけです。

これは自分を守りたいという自己防衛の気持ちが働くからなのでしょうが、その考えは間違っています。

他人のせいにするのは、簡単です。自分の問題を他人に責任転嫁することで、問題は解決したような錯覚を覚えますが、実際には何も解決していないことに気がついていません。他人に責任転嫁したことを周囲に気づかれず、たまたまそれが受け入れられてしまうと、本人は味をしめて他人への責任転嫁を習慣化し、再び何か起きた時に、自分の問題として解決しようとしなくなります。

例えばこんなことをしている人が上司であれば、部下は誰もついてきません。自分に厳しくない人が、他人に厳しく言っても説得力がありません。逆に、自分に厳しい人が、部下に愛情ある厳しさを示せば、部下も納得してついてきます。

誰でも自分は可愛いですから、厳しくするより、甘やかしたい衝動にかられます。すなわち自分への甘さを許してしまう敵が自分自身の中にいるのです。

やる気が出ない時、「怠けていいぞ」と心の中の敵は足を引っ張ります。

自分の失敗を隠したい時、「人のせいにしろ」と敵はささやきます。

自分の敵は、自分自身の心の中に住んでいます。

やっつける相手は他人ではなく、自分の心に住んでいる敵なのです。他人に敵対心を抱く前に、自分の中の敵と対峙することを忘れてはいけません。

1-5

親を大切にしよう

仕事が忙しい、
寝る時間が惜しい、
休日も忙しい
でも、親を大切にしていますか
親のありがたみをわかっていますか
親に感謝し、親を大切にすると、
きっといいことがあると思う
私は、親を大切にしていない人は、人を大切にすることができないと思う
人を大切にできない人は、
働く仲間を大切にできない
働く仲間を大切にできない人は、

お客様も大切にできない
お客様を大切にできない人は、
お客様に喜んで頂けない
親を大切にできない人は、
お客様も大切に出来ないということになる
今一度、親に感謝しよう
親に電話しよう
親に手紙を書こう
人を大切にする原点は、
親を大切にすることからである

親を大切にできない人は、職場の仲間やお客様も大切にできない人になる。

I-6

くやしさをやる気の原動力にしよう

人生は上手く行く事ばかりではない
どちらかというと
上手く行かない方が多いかもしれない
一生懸命努力しているのに上手く行かない
同期で入社したのに自分だけが報われない
ミスや失敗が重なる
一つの壁が乗り越えられない……
人によって
さまざまなくやしい思いをする時がある
大切なのは、
このくやしい気持ちを
なんとかしようとすることである

このくやしさを、自分の修行だと言い聞かせる

気持ちの持ち方一つで人生が好転する
くやしさをやる気に変えることが大切である

くやしさから
逃げない心の強さは、
人生の財産である。

1-7

人生もビジネスも勝負の連続である

負けるよりは、誰だって勝つ方がいい
勝負強いという言葉をよく耳にする
私は、勝負強いという言葉を、
文字通り**「勝ちにも強い」「負けにも強い」**という意味で捉えている
上手くいく時もあれば、悩み苦労する時もある
もしかすると、失敗することや負けることの方が多いかもしれない
勝つことはもちろん重要だ
しかしそれよりも、苦境に立った時、壁にぶち当たった時、
それをいかに乗り越えるかが大切である
劣勢であればあるほど、もがき、苦しみ、いろいろと考え、

新しいアイディアが出る
そして、多くのチャレンジをしたり、解決のために懸命に奮
闘したりすることで、初めて成長できる
大きな成長は負けた時にこそ成し遂げられるのである

勝ちにも負けにも強い、真のプロになろう。

負けるのも大事

人生には、勝負しなければならない時があります。その時、勝つ人と負ける人がいます。試合には、勝つ時もあれば、負ける時もあります。試合に勝つと喜びは多く、負けると喜びは少ないでしょう。

負け試合では、喜びが少ない分、学びを多くしましょう。今、試合に負けても、いずれ勝つための学びだと思いましょう。

とは言っても、人は負けるといやになり、自信が無くなり、逃げたくなります。しかし、逃げると本当に負けが決まってしまいます。

負けたからといって、何もくよくよすることはありません。勝負には、いずれ勝てばよいのです。

いずれ勝つためには、負け試合の時こそ、前向きに考え、学びを得ましょう。

負け試合の時こそ、大きく学び、大きく成長しましょう。

負け試合の時こそ、成長のチャンスと心得ましょう。

負けた時こそ、うまくいかなかったことを振り返り、今度こそうまくいくようにすれば、いずれは報われます。

最初は負けても、いずれ勝てるのです。

学びを得ることによって、負けるが勝ちを

実践して、

負けるが「価値」を生み出しましょう。

負けた時に何を学ぶかが、次の大きな成長につながるのです。

私は、人の成長は、失敗の数に比例していると思います。

競争においても、より多くの競争を経験すれば、いい戦い方ができます。

競争の数が多ければ、人は強くなれます。

競争をチャンスと考え、前向きにチャレンジしていきましょう。

人は、失敗の数と競争の数でどんどん強くなれます。

1-8

成果は毎日の積み重ねである

仕事は一日一日が勝負である
一日を台無しにすることは
自分の大切な時間をムダに過ごしたことになる
毎日毎日を大切に、
その積み重ねから成果が出る
一日を大切にしない人に、
成果はなかなかあらわれない
成果は毎日の積み重ねである
成果が出ないと自信がなくなる
その結果、仕事に面白さが欠けてくる
仕事がいやになり、やる気が欠ける
これは、毎日の積み重ねをおろそかにした結果である

私は、一日を大切にできない人には、
明日はない、と肝に銘じている
毎日の目標も同じである
次の目標を立ててもやはり達成できない
その日の目標を達成できない人は、
どうして明日の目標を達成できよう
一日一日を大切にしてこそ、
目標管理もでき、明日の成果につながる
成果は、毎日を大切にしてこそ、
手に入れられるのである

一日一日を
大切にせよ。
毎日を大切にして
こそ、成果が出る。

何事も積み重ね

自分の能力を高めるためには、毎日の積み重ねが大切です。毎日の勉強を欠かさない人もいれば、ほとんど勉強しない人もいます。毎日コツコツと努力する人、毎日コツコツと努力できない人。十年、二十年、三十年経つと、その差はどうなるでしょうか。**人は、積み重ねにより、大きな差がつきます。**

能力は、積み重ね、
経験は、積み重ね、
仕事は、積み重ね、
勉強は、積み重ね、
信用は、積み重ね、
この積み重ねが、将来の自分を作ります。
できないことは、積み重ねの量と反比例します。
できる人になるために、積み重ねが大きな力となることを認識しましょう。

I-9

一生懸命に打ち込み、さらに本気になろう

自分の成長が分ると一生懸命になれる
周りから評価されると一生懸命になれる
自信がつくと一生懸命になり上達も早い
一生懸命に打ち込んでこそ、面白さも感じられる
その上で、本気になることが大事だ

一生懸命と本気はちがう
一生懸命は、人に言われた時とか、
やらねば怒られる時に一生懸命になれる
しかし本気は、人に言われたり
怒られたからといって動くものではない
あくまで自分から動くことである

何事にも、
一生懸命に取り組み
その上で
本気になろう。

I-10
成果には犠牲がつきもの

何かを成し遂げようとする時、
犠牲を伴う場合がある
高い成長を望めば望むほど、
他の人の何倍もの努力が必要となる
また、より高い成長を望めば、
より多くの努力に費やす時間が必要である
何かを成し遂げるためには、
そのために犠牲にしなければならない時間が
どうしても必要なのである
高い成果を出すためには、
働く時間を増やし、遊ぶ時間を減らさなければならない
起きている時間を増やして仕事をすれば、寝る時間は減る

より高い成果を出すためには、犠牲もいたしかたない
成長している人は、成果を出すために、
我慢や犠牲を甘受している
成果を出すために、犠牲がつきものであるなら、
何を犠牲にするかを、自分で考えよう
犠牲を前向きに考え、前向きに行動することで、
より高い成果を出すヒントを見つけて欲しい

成果を出し続けている人は、何らかを犠牲にしつつも、前向きに考え、前向きに行動する。

I-11

努力は必ず報われる

努力することを「ダサイ」「面倒だ」といってバカにする人がいる
そういう人は必ずしっぺ返しを食らう
努力を怠っている人に共通することは、
不満が多いことだ
努力する人は希望を語り、
怠ける人は不満を語る
努力する者にしか成功への扉は開かれない
成功を願うのなら、人の三倍の努力が必要である
自分に与えられた今の環境に文句を言わず、
ただひたすら努力を重ね、
勉強し続けることが大切である

そういう人物の周りには支援者も集まり、
最後は大きな成果につながる

成功への扉は、
勝手に開く
自動扉ではない。
努力をした人にしか
その扉は開かれない。

もっと努力を！

新入社員採用の時にいつも思うのは、学歴に頼り切っている若者が多いということです。

それに甘んじて、努力をしないのです。

「私には才能がないから……」「そういうことができるタイプじゃないから……」と言い訳する人がいますが、私に言わせれば、努力が足りないだけです。

自分の努力不足なのに、それを「生まれつき力がない」せいにしてはいけません。「長い間努力したけれど、報われなかった」と言う人に、私は「努力が足りなかったんです」とはっきり言います。

「努力は報われる」という言葉がありますが、私は、心底、その通りだと思っています。簡単に報われないからこそ、努力は素晴らしいのです。私も自分自身に「もっと努力を！」と言い続けています。

努力をすれば、必ず報われます。

私は社会人になった時に、その会社の社長から「川西のような聞きづらい声では、お客様に信頼されない。だからいつも成績が伸びない。もっと相手に伝わる声を出しなさい」と鋭く注意されました。私は私なりに一生懸命取り組んでいるのに、ここまで注意されるのかと悔しい思いをしました。私は、それならば人の心に響く声を出せるようになることが、自らに課せられた課題だと気づき、夜の大阪港に行って、海の向こうのアメリカに届けとばかり、発声練習をしました。ところが一週間で、心に響く声どころか、まったく声が出なくなりました。喉も腫れてきました。でも、注意された声をどうしても改善したかったために、発声練習をやり続けました。すると、小さな声しか出せなかった自分が、自信をもって声が出せるようになりました。社長からは「やればできるやないか」という賞賛の声を戴けました。それと同時に、お客様からは「元気やなぁ」と信頼されるようになってきました。

この経験から私は、努力すれば何事もできない事はない。そして、注意された人に感謝する生き方をしなければいけないと気づきました。

いま私は、夜の大阪港に感謝の気持ちでいっぱいです。

I-12

どんな日も素晴らしい日にしよう

一日は、二十四時間、誰にでも平等にある
しかし、二十四時間をどう過ごし、どう感じるか、が大切である
どんな日も、素晴らしい日だと思う
一日の使い方次第で、感じ方が変わってくる
あなたの今日は、どんな日だったか
あなたの明日は、どんな日にしようと思うのか
いろんな日があり、
いろんな生き方があるから、
変化を楽しもう
日々の視点を考えてみよう
元気な日は、元気な生き方がある

病気の日は、病気の生き方がある
晴れた日は、晴れた生き方がある
雨の日は、雨降りの生き方がある
楽しい日は、楽しい生き方がある
苦しい日は、苦しい生き方がある
人は、一日一日、一瞬一瞬、
いろんな生き方をしている
どんな生き方も素晴らしいのだ
どんな日も素晴らしい日になるのだ
大切なことは、どんな日も
素晴らしい日に
しようと思う気持ちである

どんな日も
素晴らしい日に
しようと思う
気持ちが大切である。

I-13

今を大切にする

どんなに大金を払っても取り戻せないのが時間である
この瞬間も、時間は刻々と過ぎ去っていく
この時間を、大切にできるかどうかは自分次第である
今を大切にしよう
今を大切に生きよう
今を大切に生きる人は、未来を大切にする人になる
今を大切にするというのは、難しいことではない
まず、簡単なことから始めればよい
今すべきことを、後回しにしないこと
今すべきことに、即座に取りかかること
今を大切にするということは、
まずは、今すべきことを今することである

後でやる、明日やると先送りすると、
いつまでたっても出来ない人になる
今を大切にする生き方を心がければ、
仕事もうまくいく
勉強もうまくいく
今を大切にする主義を、自分のモットーにしてほしい

今を大切にする主義を自分のモットーに出来た人は、未来を大切にできる人である。

I-14

過去は変えられないが未来は変えられる

人は悩み多きものである
悩むことは大いに結構
しかし、悩みというものは、
いかに自分で処理すべきかが問われているのだ
いつまでも悩んでいても進展はない
過去のことを、いつまでも悩んでいても始まらない
悩みをどう処理するかを、自分で考えてみよう
悩みの種は、
うまくいかなかったこと、
成果が出なかったこと、
ミスをしたこと
しかし、これらは過去のことである

過去を認識するのは大切だが、
過去を変えることはできない
過去に固執するよりも、
もっと未来に目を向けよう
あなたの未来をどう作りあげるか、
どう対処していくのかを考えよう
過去を未来にどう生かすことができるか、
人が能力を問われるのはそこだ
未来をどう変えるかが、大切なのである

過去の経験を
生かして、未来を
変えられる人に
なろう。

I-15

落ち込む前にすべきことを三つに整理しよう

人は何かをしようとしてもうまくいかない時がある
何かを進めようとしてもうまくいかない時もある
またやることが多すぎて、悩んでしまう時もある
そして、うまくいかないからといって諦めてしまう
あなたもこんな経験をしたことがあるのではないか
しかし、落ち込むことはない
こんなことは誰もが経験していることである
私は、悩んだ時、
苦しんでいる時、
いやになりそうな時、
決して難しく考えず、
まずすべきことを三つに整理することにしている

一、「何を」
二、「いつまで」
三、「どのように」
するかを明確に決めることである
悩んでばかりいて、前に進めなくなるより、
前に進むためにまずこの三つに整理し行動することである
自分の行動すべきことを、具体的に整理し、
前に進むように心がけている
あなたも、漠然と悩まず、
行動が起こせるよう
具体的に整理しよう

すべきことを
整理する。
一、「何を」
二、「いつまで」
三、「どのように」

I-16

一つの山を登れば次の山がある

私は、人生とは山を登り降りするようなものだと思っている
山を登るのはとても大変である
急な坂を登ることもある
天候も変化する
晴天の日、雨の日、嵐の日もある
登り始めても、途中でやめたくなることもある
あなたはどんな山登りをしているだろうか
山を登ってしまうと、次は下り坂になる
なだらかな下り坂もあれば、急な下り坂もある
一つの山を登ったら、次の山が見えてくることもある
その山は、前の山を登らなければ、見えなかっただろう
また、高い山を登ったからこそ見えてくる、素晴らしい景色

もある
人生は連続する山の登り降りに例えられると思う
一つ一つの山を、どのように登るか、どのように降りるか、
登りながら何を学ぶか、降りながら何を考えるか、
人によって個性が現れる
山登りの中で、苦労したり、悩んだり、耐えたりしたことは、
必ず後で生きてくる
楽をしたり、人に頼ったり、
中途半端にしたことは、
なかなか身につかない
自分を信じて、自分の力で、
恐れず山を登っていこう
そして、山を乗り越えていこう

自分の山は、
自分の
力で登るしかない。
次々と山を
乗り越えていこう。

I-17

生まれや育ちを自慢するな

聞かれてもいないのに、
自分の先祖や家庭、親の仕事、家柄の自慢をする人がいる
こういう人は、
大抵自分に自信がない人だ
社会に出て仕事をするようになったら、
自分の実力、能力だけで勝負をしなければいけない
家族や生まれ育ちなど語っても、
自分の実力でもなんでもないのだから、
むしろ、損をするだけだ
それよりも、自分自身を磨いて、尊敬されるような存在になるよう、努力することが大切だ
賢く、人間ができていて、仕事もできるような人は、

例え自分の家柄が立派なものだったとしても、口にしない

本当に素晴らしい人間なら、
周囲の人が勝手に語ってくれる

**自慢のし過ぎは、
いつか墓穴を掘る。**

謙虚が一番

ビジネスのつながりでいろんな会社の人が集まると、ついつい自分を大きく偉く見せたくて、少しだけ事実を大げさに言ったり、自慢めいた発言をしたくなるものです。

一番カッコ悪い自慢は、自分自身や自社のことですらない、身内や知り合いの自慢だと私は思っています。よくいるでしょう?

「私の祖父は……」、「うちの息子は……」、「○○（政界、業界、芸能界などの有名人）に先日会った時……」、「○○とはよく酒を飲むんだ……」

異業種の会合なんかに行くと必ずいますよ、こんな人!

「さすが、顔が広いですなぁ」と、お世辞で褒められてご満悦です。

私は、ああまた始まった、と相手にしませんけどね。

でもたまにですが、ちょっかいを出してみたくなる時もあります。

ある有名人と親しいことを延々と語る人がいました。

「この間も、私のおすすめの店で一緒に食事しまして云々……」まるでツーカーの中だ、と言わんばかりです。

私の中に、いたずら心が芽生えます。

「ほぉ～、すごいですなぁ！　そんなに親しいなら、ちょっと今電話してみてくださいよ。お話されているところをぜひ聞いてみたいです！」と言うんです。

するとだいたいは、「いやいや、今はちょっと……」と大あわてで言葉を濁し、うやむやにしてしまいます。

そこで私は、「ははん、大げさに言ってるだけなんだ」と思うわけです。きっと周りの人もそう思うでしょうから、その人は恥をかいてしまいます。まぁ、ちょっとこれはイケズでしたけどね。

もちろんそこで、本当に電話する人も、十人に一人ぐらいはいますが……。

でも本来人間は、素直、誠実、謙虚が一番大事だと私は思っています。

虎の威を借るようなくだらない自慢などをしていると、思わぬところで足をすくわれるだけです。

その有名人と知り合いであることが真実ならば、それを謙虚に語ればいいんです。

「あるパーティーで○○首相にお会いしましてね。私なんて場違いだと思ったのですが、名刺交換をさせていただくことができたんですよ。びっくりして緊張してしまいました」

こんなふうに表現すれば、自慢どころか、控えめで好感を持たれる話し方になりますよ。

I-18

計画性がない人は時間をうまく使えない

「なるようになる」と、行き当たりばったりで
計画性を持たない人は、
いつまでたっても決めたことを実行できず、信頼も無くして
しまう
計画性がない人とは、すなわち、時間をうまく使えない人で
ある
時間にルーズな人は、仕事もルーズである
何事もまず計画ありきである
具体的な計画を練って、いかにして実現するかを慎重に検討
する
想定できる問題点、
トラブルをどう回避するか、

それらを全部含めてプランをしっかり練ることによって、
時間を有効に使い、正確性を持って進めることができる
時間は、使い方次第で何倍もの価値が生まれるものだ

時間をうまく使う人は、段取り上手で無駄も少ない。

I-19

感動が好結果につながる

何をしても喜びがない、うれしそうでもない
感動のない人というのは、ただ時間を浪費するだけの人だ
仕事も無気力で、周囲と喜びあうことができない
一人冷めた人がいると、場にイヤーな雰囲気が流れる
決して怒っているわけではなく、悪い人でもないのだが、
こういう人はやはり歓迎されない
映画や舞台、テレビを観て感銘を受けたり、
本を読んで感動したり、
あるいは人に感動したり……
仕事でも同様に感動がある
手こずっていた仕事がようやく完成したとき、
落ち込んでいた売り上げが伸びた時の喜びなど、

感動することでモチベーションが上がり、
それが良い流れを生んで、
好結果につながるのだ

感動の気持ちを
素直に出し、
好結果につなげよう。

I-20

チャンスは平等、自分でつかめ

失敗を繰り返す人がいる
それは自分の弱点が分っていないからだ
自分を客観的に見ることができていないのだ
自分の弱点が原因なのに、失敗を他人のせいにしたり、会社のせいにしてしまう人もよくいる
こんな人は、チャンスを逃がしやすいばかりか、
事態をますます悪くし、ピンチのときにはつぶれてしまう
なかなか芽が出ない、
チャンスをものにできない、
一度失敗すると立ち直れない
こんな人は、

知恵と工夫で弱点を克服していくしかない

チャンスは平等
チャンスは弱点の克服から
チャンスは自分でつかむものである

弱点を克服して、
チャンスを
つかみ取ろう。

I-21

小さな成功で失敗回路を断ち切れ

人は失敗すると弱気になる
失敗するとやる気が薄れる
失敗して叱られると落ち込む
失敗が重なると自信を失う
失敗は失敗を産み「失敗回路」となって繰り返される
自信を取り戻すには、
失敗しても**努力して小さな成功を重ねる**ことだ
「電話対応でほめられた」
「予定より多くの取引先を回れた」……
どんなに小さくてもいい
成功体験があなたに自信を取り戻させてくれる
小さな成功を積み重ねる努力をしよう

努力は必ず報われる
人の三倍成功したかったら三倍努力するしかない
楽して成功したいと思っても、
そんな魔法のような方法はない
最初から大きな成功を求めるな
小さな成功を積み重ねれば、自然に大きな成功に繋がる

失敗の気持ちを
引き摺らず、
まずは小さな成功を
するよう努力して、
失敗回路を断ち切れ。

I-22

人生で損をする人、得をする人

「疑い」「批判」「他責」「否定」……
攻撃的な人は損をする
このような人たちからは、人は離れる
得する人は、素直に気づく事が出来る人だ
一つ目は、知らなかったことを知ること
二つ目は、指摘されて反省すること
成長とは、気づいて、反省をして、改善していく事だ
もし「指摘」や「注意」をされたら、素直に受け入れ、「反省」し「改善」をしよう
「気づく」「素直な心」「気遣い」「絆を大切に」「マナーを大切に」……
こんな事が自然とできる人は、人生で得をする人だ

素直に受け入れることができない時は、心に「不満」「悩み」「不信」「不安」などがある時だ
人生で得をする人になろう

素直な心で、人生で得をする人になろう。

I-23

不安はやる気の原動力である

人生には、つらいこと、困難なこと、
不安なことが多くある
不安だと思った時こそ、
「なんとかするぞ」の強い気持ちを持とう
不安をやる気の原動力にしよう

人生を「なんとかするぞ」と
覚悟すれば、
成し遂げられるものである

不安だと
思った時こそ
「なんとかするぞ」と
いう気持ちを持とう。

第3章

C：Career
仕事についての36の気づき

C-1

宿題企業を目指そう

お客様からはさまざまなご用件を頂くことがある
この用件の中で出来る事、出来ない事がある
もちろん出来る事はどこよりもスピードで応えていく
出来ない事、分らない事もある
出来ない事は出来ません、分らない事は分りませんとは、答えないようにしよう
例え出来ない事、分らない事でも、一度調べてみます、検討させてください、と宿題を戴こう
社内で解決できない事でも、
外部の人に聞けば知恵が出る
お客様の声を形にしていく事で、
会社が強くなる

宿題企業経営を、社内に浸透させよう

お客様から
宿題を戴ける
宿題企業になろう。

宿題を戴こう

私が、仕事をする喜びを感じるのは、お客様の喜んでくださる姿を見たり、満足してくださる言葉を聞いたりする時です。お客様に、よくやってくれたなぁとか、あなたが来てくれて本当によかった、と声をかけていただいた時はとてもうれしいものです。また、そう言ってくださるお客様の声が、次からの仕事の励みになります。

私は「お客様の声は、私達の最高の品質」と考えています。

この品質をより高めることは、より一層お客様に喜んで頂くことにつながります。そのために、我が社では、お客様のところへ訪問した際、お客様のご要望を一つでも多く聞いて帰ることを心がけています。

言い換えれば、お客様から宿題を戴き、次回の訪問時に宿題の成果をお客様に報告するようにしているのです。私は、これを実行する企業として、我が社を「宿題企業」と命名しました。

お客様から戴く宿題があるということは、会社にとっても、改善すべき課題を教えて頂いたことになります。お客様から戴いた宿題に全力で取り組めば、お客様からの信頼を得ることにもなります。

しかしまずは、お客様から宿題を戴ける人

にならなければなりません。お客様は誰にでも宿題をくださるというわけではないのです。

私は、お客様から宿題を戴ける人になるためには、能力・知識・技術・人柄を備えることは当然ですが、まず必要とされることは、**「心のマナー」ではないかと考えています**。

心のマナーとは、心からのおもてなしであり、そのおもてなしができるために、まず大切なのは、第一印象とコミュニケーション作りであると思っています。

人と人との人間関係を良い状態にするためには、まず言葉を使ってコミュニケーションすることが大切だと思います。会話を通して、信頼を得られるよう努力することが必要です。このためにも、自分自身が使う言葉を整理し、信頼を得る言葉使いに徹しなければなりません。

信頼を得るための言葉として、代表的なものをいくつかあげると、

・私に任せてください
・私がやります
・私にも参加させてください

こういう言葉を、誰よりも心からたくさん言える人になることが、大切だと思います

信頼されれば、宿題も数多く戴け、より多くの問題解決ができることになります。

今以上に、宿題を戴ける人になることを、めざしましょう。

C-2

仕事人たるもの、常に情報に敏感であれ

営業やセールスで、見込み客のニーズをつかんだり、取引先から喜ばれたりしてライバルに勝つのは、
情報収集力のある営業マンである
お客様のニーズをつかめない営業マンなど、いる意味がない
お客様との会話から情報を読み取る力、
現場を見聞して情報を察知する力、
街を歩きながらキャッチした内容からトレンドを分析する力、
新聞やテレビなどから時代の流れを読む力
このような〝情報力〟を磨くには、
強い好奇心や新しいことに興味を持つ意識が必要である
情報を得る努力をしないで成果を出そうとするのは、
ムシがよすぎる

真面目に働く「だけ」ではダメなのだ
常に情報力を磨いて仕事に挑む
それがあなたを飛躍させるチャンスをつくるのだ

お客様のニーズをつかむため、情報に敏感になろう。

C-3

十から一を引くと0《ゼロ》になる時代と心得よ

過去には十の内、一つ失敗しても、
許して頂けることもあった
しかし今は、
一つのミスでもお客様との縁は切れてしまう
過去には、十の内一つの失敗をしても、
取引の継続はできた
しかし今は、
一つのミスで取引が0《ゼロ》になる時代である
ミスをしないためには、
「会社内で守るべきことを全員で決め、
その決めたことを必ず全員で守る」
これを社内で徹底させることだ

そういう組織を作ることが求められている時代なのだ
厳しい時代であることを肝に銘じよう

一つのミスもしないよう、改善と工夫を心がけよ。

C-4

最大のライバルはお客様の環境の変化に気づく事である

仕事には常にライバルがつきものである
同業他社のことではない
同僚でもない
自分自身でもない
最大のライバルは「時代」である
環境が変われば、お客様の考え方や行動が変わる
行動が変われば、仕事の仕方や取り組みを
変えなければならない
最大のライバルは、
お客様の環境の変化に気づくことである
変化に気づかなければ、
継続しての成長は望めない

変化を敏感に読み取ろう

変化という
ライバルに負けるな。

ライバルは時代だ

企業経営に携わっていると、一番強力なライバルは、時代そのものであると言わざるをえません。

このライバルは、面と向かって私達の前に姿をあらわしてくれるわけではないので、非常に手ごわいのです。水面下で徐々にその姿を変え、気がつくとあっという間に変身していたりするわけです。

いつも、このライバルの動向を監視していなければ、命取りになってしまいます。

時代がやさしい顔をしている時はチャンスです。企業にも余裕がありますから、時代の恩恵にあぐらをかかず、厳しい時代が突然訪れても困らないように、着々と企業の力を蓄えておくと良いでしょう。

時代が厳しい顔をしている時も、これまたチャンスです。この場合は、つらい事、苦しい事が多いでしょうが、その問題を諦めずに一つ一つ解決していく事で、企業としての本当の体力がついてきます。

厳しい時代をくぐり抜けてこそ、企業としての真の底力がつくと思います。

逆風の時代には逃げることなく立ち向かい、順風の時代には甘えず努力を怠らないことが、最大のライバルである時代に打ち勝つ秘訣でしょう。

もしかしたら、この手強いライバルを本当の味方にしてしまえるかもしれません。

私が米屋を始めたとき、同じ町に四十三軒のお米屋さんがありました。私が参入して、四十四軒になりました。後発で参入したので、なかなか商品は売れませんでした。どうしたら売れるか、と苦しみましたが、その中で気づくことがありました。

日曜祭日も営業する。

朝は六時から夜は十二時まで配達する。

エレベーターのない高層マンションにも時間指定で玄関まで届ける。

四十三軒のお米屋さんと百八十度違う取り組みをしました。そうすると少しづつ、買ってくれる人が現れてきました。今まであった四十三軒は、日曜祭日は休み、配達も五時までで、マンションの高層階にはお米を届けていませんでした。

当時は、奥様方がお昼にお勤めに行く時代になっていました。

お米を購入したいのに、買いに行く時間がない、子供もいる、困っていました。私が取り組んだことは、お客様にとって一番うれしいことだったのです。

商売では、同業他社もライバルですが、それよりも手強いライバルは、お客様の変化に気づくこと、時代の環境変化に気づくことです。最大のライバルは、時代なのです。

C-5

ピンチを乗り越え、チャンスを手中に収めよう

人生には人それぞれ、さまざまなピンチが訪れる
その時、もしかして、このピンチから脱出できないのではないかと、弱気になる時がある
自分にこのピンチは、乗り越えられないのではないかと、疑心暗鬼に陥る時もある
しかし、何もくよくよすることはない
だれもがいろんなピンチに陥り、なんとか乗り切っている場合が多い
ピンチに陥った時、逃げないことである
逃げると、また同じようなピンチが訪れる
解決しなければいけない問題を、
先送りにしたりしてはいけない

私は、今自分がピンチだと思ったときは、
自分の乗り越えるべき課題が明確になったと思い、
その課題に全力で取り組むようにしている
これまでの経験から、ピンチがやってきた時は、
その後に必ずチャンスがやってくる事を知っている
ピンチを乗り越えてこそ、そのチャンスを自分のものにできる
ピンチが大きいほど、
後で待っているチャンスも大きいのだ

ピンチを乗り越えて、チャンスをつかもう。
ピンチの後にチャンス有り。

ピンチの後にチャンスあり

私は創業してから今まで、多くの障害に出会い、なんとかそれを乗り越えてきましたが、一時は、企業運営自体が不可能になった時代がありました。

ある時、工場の建つ地域一帯が大雨に見舞われ、工場が大水につかってしまったのです。機械は水に濡れて、その能力を失ってしまい、商品も水に浸かって全く売り物にならなくなってしまいました。

私は、あまりに突然のことで、体中の力が抜けてしまい、どうすればよいか、考える気力も無くしてしまいました。

事業を存続させるべきか、廃業した方がよいのか、決断しなくてはならなくなり、私としても、企業としても、最大のピンチでした。

廃業せざるをえないかと、半ば諦めかけた時、多くの社員が「もう一度、一からやり直しましょうや」と、私を励ましてくれました。熱い社員の気持ちに心を打たれた私は、全精力を奮い起こし、もう一度、事業を立て直す覚悟を決めたのです。

私にとっては、最も厳しいピンチでしたが、考えようによっては、こんなピンチを経験できる企業はめったにありません。

こんな過酷な状態を乗り越えられることができたなら、どんなことでも乗り越えられる

力がつくのではないか、と考えました。幸い、社員達も力を合わせてくれると言っています。もうやるしかありません。

おかげさまで、なんとかこのピンチを切り抜けられただけでなく、その後、急成長を遂げることができました。今にして思えば、あの大雨と大水害に遭ったからこそ、社員皆が力を合わせ、事業を立て直すという目標の下、一丸となって頑張れたのだと思います。

ピンチが訪れた時、その問題を先送りしたり、そんなピンチは無かったものにしてしまえば、その時は、ピンチが消えたような気がしますが、後々になって、また同じ問題を惹起し、ますますピンチに陥るというようなことが起こります。

例えば赤字の企業があったとしますと、赤字を解消するためには、企業体質や事業の見直しなど、抜本的なところにメスを入れなければならないのに、やみくもに経費の削減だけを行ったり、ひどい所など、何かしら操作をして、赤字を解消したように見せかけたりしています。このようなことをしても、実際の問題は何も解決していないわけですから、同じピンチが再びやってくるのは明白です。

私は、今自分がピンチだなぁと思う時は、自分の乗り越えるべき課題が明確化された時だと思い、この課題に全力で取り組むようにしています。ピンチが大きいほど、後で待っているチャンスも大きいものです。

C-6

楽な道ばかり選ぶと損をする

誰でも、きついと分かっている選択肢は避けたいものである
しかし、いつも平たんな道を選んだり、
耐えなければならない時に逃げだしたりする人は、
やがて大きな嵐に見舞われた時、
対処する力がなくて直ぐに挫折してしまう
長い目で見れば、楽な道ばかり選ぶ人の方が損をしている
険しい道を選んで歩く人は、どんな不慮のトラブルに見舞われても、
それに耐える勇気と力を持っている
耐える力は「忍」の心につながり、最大の武器になる
耐えて忍ぶことで、パワーアップして大きく羽ばたくことができる

「忍」は友をつくり、
「忍」はチャンスをつくり、
「忍」は人の心をつくる
本当に強い人は、この「忍」を心得た人だ

「忍」は最大の武器である。

苦労は若いうち

私は社会人になった当初、大変苦労をしました。苦労は誰しも避けて通りたいところですが、私は苦労もあった方が良いと考えています。苦労があれば、苦労した分だけ、成長すると思っているからです。

私は、「どうせ苦労が訪れるなら、若い時に経験した方がよい」と考えています。というのも、同じ苦労をするならば、若くて体力がある時に経験した方がよいと思うからです。年をとってからの苦労は、体力的にも精神的にも辛くなってきます。

私の持論ですが、
「二十代は苦労する時期」、
「三十代は苦労を生かす時期」、
「四十代は輝く時期」、
「五十代は輝きに磨きをかける時期」
と思っています。

「苦労」には「我慢」がつきものですが、私は自分の経験から考えると、苦労に堪えて我慢ができた人は、次のステップに進むことができると思います。我慢せずに逃げ出す人もいますが、楽なように見えて、その後に再び我慢を強いられることの方がよけいにつらいものです。

「苦しい時こそ耐えろ」、「苦しい時こそ我慢せよ」、「我慢すれば次のステップに進め

る」と信じ、我慢することから逃げない人であってほしいと思います

「プロと認められる人、一流と認められる人の多くも、決して楽にその地位を手に入れたわけではありません。苦しい練習、ハードなスケジュールなど、多くの我慢を重ねてきたと思うのです。苦しいことも「我慢してやり続けた」ことで、人より能力を伸ばすことができたのです。

C-7

「ぼやき」や「ぐち」は時間の無駄

悩んでいると思うことも、
よく考えると「ぼやき」に過ぎないことが多い
「会社が悪い」
「上司がわかっていない」
「部下が無能すぎる」
「この仕事は自分に合っていない」
「ぼやき」や「ぐち」を言うのも、それに付き合うのも、時間の無駄だ
「ぐち（愚痴）」…すなわち、「愚か」で「知恵が足りない」ということだ
もっと前向きなことに力を注ごう
生きるか死ぬかというくらい切羽詰まった状況で考えること

はただ一つ、
悩みに勝つという信念だ

「ぼやき」や
「ぐち」を言う人は、
生きることに
真剣になっていない。

「ぼやき」や「ぐち」は無駄

石の上にも三年という言葉があるように、新しい会社に入社したり、新しい仕事を始めた時など、最初は覚える事や初めて経験する事も多く、一人前になるまでいろいろ苦労があります。

一年目は、何もかも新しい事ばかりで、早くその新しい環境に慣れようと、一生懸命にがんばるものです。二年目は、職場にも慣れ、仕事もだんだん覚えてきて、自分のペースもつかめてきます。三年目になると、自分で目標や計画をたて、自己管理を行いながら仕事を進めることができるようになり、そろそろ独り立ちする時期になります。後輩の指導をする場面も出てくるかもしれません。

このように最初の三年は、あっという間に過ぎていきます。

しかし、人によっては三年が経過するころから、目標を見失ったり、次の目標を見出せずにやる気を無くす人や、職場や仕事に慣れすぎてマンネリに陥る人が出てきます。

そうなると、仕事に力が入らず、仕事が嫌になり、不満や愚痴を言い出す人があらわれます。ぼやき始めるのです。こういう人は、職場の雰囲気を悪くし、他の人のやる気まで奪ってしまうという悪影響を及ぼします。

実は私にも、そういう時期がありました。そろそろ仕事にも慣れ、自分ではすっかり一人前になったつもりでいた十九歳の頃です。それまで、一生懸命仕事を覚えようと頑張ってきた私も、仕事や会社に対する不満や愚痴を言い始めるようになっていたのです。

例えば、「こんな仕事やっとれるか」とか、「他社ならもっと給料がいいのに」とか、「しんどいだけでおもしろくない」とか、その他にもいろいろぼやいていたと思います。

しかしだんだんと、不満や愚痴ばかり言っている自分に嫌気がさしてきました。何故、自分はこんなに不満や愚痴を言いだすようになったのか…。

考えてみると、私は仕事ができないことをごまかすために、不満や愚痴を言い始めたように思います。自分が満足のいく仕事をしていれば、ぼやく必要もないし、また、そんな暇も無い筈です。

私は、当時、不満や愚痴を言うことで、自分をアピールしていたように思います。仕事で周りの人に認めてもらえないなら、不満や愚痴を言うことによって注目を集めようとしていたのかもしれません。

しかしある時、私はその自分の子供じみた行為が、とても愚かなものだと気づき、自分を恥じました。自分に自信がある時や、仕事をばりばりこなしている時は、不満も愚痴も感じなかったのに、自分に自信が無くなったり、仕事がうまくいかなくなったりすると、その原因を自分自身に求めるのではなく、他の事、すなわち、仕事や会社や周りの人のせいにしていたのだと思います。

この事に気づいてから、私は、不満や愚痴を言うのをやめました。不満や愚痴を吹聴する人は、自ら仕事ができないことを宣伝してまわっているようなものだからです。

私が思うに、仕事ができる人というのは、簡単に不満や愚痴を口にしません。いくらぼやいたからと言って、何も解決しない事をよく知っているからです。**たとえ不満があったとしても、自分が改善していかなければ何も変わらない事がわかっているのです。**そうして、自分でより良い仕事をするための環境を整えていきます。

こうやって、仕事のできる人は、ますます仕事ができていくというわけです。

C-8

あなたは何番バッターか

打順は勝つために決めるものである
一番バッターには一番バッターの役割がある
二番バッターには二番バッターの役割がある
各自が自分の役割を全うすることが大切である
あなたは会社で何番バッターなのか
あなたはその役割を
果たしえているのか
ホームランを打つ人はあまり必要がない
ヒットを積み重ねると会社での
役割が全うできる
ヒットを量産すれば大きな得点となる
今一度、自分の役割と責任を確認しよう

自分が会社で何番バッターかを確認し、その役割を果たそう。

打率を稼げ

野球では、ホームランで点が入ります。ホームランは華やかですので、多くの人が、ホームランを狙っています。

しかし、ホームランは打てる時もあれば、打てない時もあります。また、打てる人もいれば、打てない人もいます。ホームランだけが、野球ではありません。

仕事も同じです。

仕事でもホームランを出そうとしますが、いくら頑張っても、出せない時があります。しかし、なにもくよくよすることはありません。仕事でホームランが出ないならば、ヒットを積み重ねれば良いのです。ホームランを打っても一発屋で、その後鳴かず飛ばずということも多いのです。

ヒットの量産は、必ず価値が出てきます。ヒットの積み重ねは、いずれいい結果につながります。

ヒットの量産は、仕事の打率を高めることになり、評価を高めることになります。

仕事も、打率の高い打者になることが、大切なのです。

何割打者になるか、高い目標を定めましょう。

ヒットを生み出すには、基本に忠実な仕事の仕方が必要です。

お客様に忘れられない仕事の仕方です。訪問回数を積み重ね、契約が取れた後もお客様のところに伺う、そうした息の長い活動が求められます。

ヒットを量産できる自分になるよう心がけましょう。

C-9

肩書がついても偉くなったのではない

肩書が付けば意見を言ってくれる人が少なくなる
自分が言っている事、やっている事が一番正しいと思う人がいる
肩書倒れになってはいけない
本当に出来る人は、肩書がなくても仕事ができる人だ
人の意見を真剣にしっかり聞いてくれる
自分と違う意見を述べても、いい話が聞けたと人の話を聞くのがうまい
仕事面で公正に評価する能力がある
指示が丁寧でわかりやすい
経験談を交えながら適切な指導をしてくれる
人の悪口を言わない

部下の失敗をうまくカバーし面倒見がいい
まず謙虚、頭が低い、明るい
そんな上司の部下の成長スピードは目に見えて早い
私は肩書より、実力をつけるべきだと思う
実力はなくならない
肩書は、その会社を辞めるとなくなる
何れなくなるものに依存していても、先はない
今や、実力主義の時代になりつつある
肩書ではなく、
実力のある人が勝ち抜く時代である

肩書より、
実力を付けよ。
実力で
戦える人になろう。

肩書を気にするな

相手の肩書が自分より上だと平身低頭、ぺこぺこするくせに、下だと横柄な態度に出る人が良くいます。

こんな人は、きっと周囲から「あの人、またやってるよ」と冷たい目で見られていることでしょう。「相手によってコロコロと態度を変える人」というレッテルを貼られて、信用してももらえなくなります。

肩書が何だというのでしょう。役職が上であろうが下であろうが、話すとき、接するときは、人対人。まっすぐに人として接したいものです。

優れた成功者や実力者は、誰に対しても毅然とした態度をとるものです。上にこびへつらうことなく自分の正しいと思う意見を述べるし、どんなに職位が下の相手であっても敬意を持って接します。

相手の肩書によって態度を変えないことを心掛けましょう。

C-10

仕事は取り組み姿勢で決まる

結果が出ないのは取り組み姿勢が悪いからではないか
取り組み姿勢とは、「明確な目標があり」、「目標達成に向けての方策があり」、「必ず達成するという意欲がある」ことだ
中途半端だと、グチがでる
いい加減だと、言い訳がでる
真剣なら、知恵がでる
取り組みは、自らが積極的に考え、作り上げるものである
人に言われてから作っているのでは、実は取り組み姿勢がない人なのである
自分を振り返り、仕事の取り組み方を考えよう

真剣な取り組み姿勢とは、明確な目標、達成のための方策、そしてそのための意欲を言う。

仕事があることに感謝

「仕事が終わったら飲みに行こう」「今晩はデートしよう」「ちょっと○○へ遊びに行こう」……

仕事中に遊ぶことばかり考えている人がいます。

私に言わせれば、たいていの場合、集中力が欠如した状態です。集中力欠如はミスのもと。何とかして早く帰ろう、もうこれ以上仕事を頼まれないようにしよう、ということで頭がいっぱいですから、おのずと仕事がぞんざいになります。

「仕事はつらい」という意識しかないから集中できず、終業後のことばかり考えるのです。

仕事はあなた一人でやっているのではありません。

お客様からいただいて、みんなで一緒に、やらせてもらっているのです。

むしろ感謝すべきです。

そういう意識で臨めば、集中力が乱れることもありません。

意識や姿勢が、仕事の成果を左右するのです。

C-11

一人の失敗は、全員の失敗

ビジネスにおいては、
小さな失敗も命とりになる
集団の場合、
たった一人の失敗が全員の失敗をもたらす
全員の失敗の元をたどれば、
一人の失敗に
起因していることが多い
小さな失敗の重さを知ることが、
大きな失敗を回避する

全員の失敗は、
たった一人の
失敗から。
一人の喜びは、
全員の喜びに。

C-12

ダメ発想は自分を滅ぼす

どうせやってもダメだから
どうせ挑戦してもダメだから
どうせ自分はダメ人間だから
どうせダメだ、という発想を持つと、
前に進めない自分を作ってしまう
人は考え方次第で、楽になれる
一つのことに対して
「まだいける」と考えるか、
「もうダメだ」と考えるかで、
大きな違いがある

ダメ発想を捨てて、
前に進む気持ちを
持とう。

あきらめずに努力

「私には無理だ、できるわけがない」

そう言って、簡単にあきらめてしまう人がいます。

「どうすればできるだろうか」という方法を探ろうとせず、自分の可能性に制限を与えてしまう人は、未来への道を自ら閉ざすことになります。

自分の可能性は、無限です。

あきらめたら明日はありませんが、あきらめなかったら明日が与えられます。その思いが、不可能を可能にする原動力です。努力に努力を重ねて、それでもダメなら——さらに努力してください。必ず、道は開けます。

どうせできない、という発想は、前に進まない自分を作ります。こんなダメ発想は捨てましょう。

C-13

部下は上司の鏡である

上司はまず自分が襟を正せ
上司は自らが報告・連想・相談のプロであること
上司は部下に伝える言葉の影響力を考えること
上司は正すべきことを何度も何度も
言い続けること
上司は部下の不適切な行動を
改善しようと努力すること
部下の不出来は上司の問題である
部下を見れば上司の能力が分る
部下の成長を上司の手柄とすれば良い

部下を見て、
自分を正せ。

出来の悪い部下のレベルを上げる

出来の良い部下、一流の人材ばかりが集まっているのなら、わざわざ管理者を据える必要はありません。三流の人材を二流に引き上げる管理者になって欲しいと思います。

私は、自分の会社を、人を育てる組織だと言っています。

出来る人をさらに出来る人に育てるのは、そんなに難しいことではありません。それは既に本人が自覚と能力を兼ね備えているからです。難しいのは、二流を一流に、あるいは三流を二流まで引き上げることの方です。さして能力に恵まれていない人材を一つ上のレベルまで引き上げることです。そのためには、部下の良いところを何か一つ見つけるよう心がけることです。その長所を部下に言ってあげられる上司を目指しましょう。ダメな上司は、部下のたった一つの欠点を見つけようとします。そうではなくて、小さなことでも誉めて評価し、部下を引き上げていく上司になりましょう。

放っておけばお荷物になりそうな人材に、何か得意分野を持たせることも大切です。

出来の悪い部下に、何かひとつ「キラリ」と光るものを見つけて育てましょう。

C-14

出来る上司・出来ない上司

人は叱咤だけでは頑張れないし、成長はしない
期待してくれる上司の存在を感じるからこそ、
情熱を持ち続けることが出来る
私もたくさんの上司や管理者を見てきた
そこで、出来る上司と出来ない上司はここが異なるのではないか、と気づいた
出来る上司とは、自分が一社員の時にお客様に鍛えられ、
より高い成果・実績を上げており、
人とのコミュニケーション力が高い人である
一方、出来ない上司とは、一社員の時に成果・実績が乏しく、
自分の弱い部分を部下に期待するので叱咤ばかりになり、
部下の心は離れていく

光り輝く上司とは、部下の成功を口に出して「ありがとう」「うれしいです」「あなたのお陰です」と本気で伝えている人が多い

部下から「この上司に学ぼう！」と目標にされる上司を目指そう

部下から目標にされる上司になろう

C-15

上司の役割は部下の価値を高めること

上司として、部下を思うように動かせない、やる気を引き出せない人がいる

計画性のない乱暴な指示や命令は部下の反感を呼び、人間関係を悪化させている

まして、感情的に怒鳴っても、売上げは上がるどころか、職場の士気も下がる

上司の役割は、部下の価値を高めることだ

「君のおかげで仕事がうまくいった」

「あなたが一緒だと仕事がやりやすい」

といったような、**価値を認める言葉をかけると、部下はやる気が湧いてくる**

成果が出せず悩んでいる社員には、

一緒になって原因を探り、具体的なアドバイスをすることで、
効果を期待できる
教え過ぎず、命令し過ぎず、部下が裁量を発揮できる余地を
残して指示をするのが、
上司としての腕の見せどころだ

上司は部下の価値を認める言葉を発見して、それを伝え、部下の価値を高めよう。

C-16

人の成長を妬まず励みにしよう

人は様々な面で成長する
しかし成長には個人差がある
若くして社会的な成功をおさめた人、大器晩成の人
若い時から人間として素晴らしい人もいれば年と共に充実してくる人もいる
このことを理解して周りの人が成長していくのを心から喜んであげることが大切である
しかし現実には、自分より成長した人を見て、悪口やマイナスのことを平気で言う人がいる
自分より成長した人を見て、妬みの心を持つ人である
人が成長した姿を見ることは、自分の成長につながると思う
人の成長を妬むのではなく、励みにしよう

励みとは、**相手の素晴らしい点を見つけて、自分も負けないように努力することである**
人を妬むと自分が妬まれる時がくるものである
人の成長を素直に喜び、自分なりの成長の励みにしよう

人の成長を妬まず、素直に喜び、そこから学んで自分なりの成長の励みにしよう。

人を妬むな

私が社会人になりたての頃です。

同期入社の同僚が三十人ほどいましたが、その中には要領のいい人もたくさんいました。上司がいるときだけ、ものすごく熱心に仕事をするふりをするのです。そしてそういう人たちは上司に目をかけられてどんどんポジションを上げていきました。

一方私は不器用な方で、仕事を覚えるのに必死で、要領よくする余裕なんて全くありません。

「仕事は結局、上司の前でうまく振舞えなければダメなのか？　彼等より自分の方が真面目に頑張っているのに…」

しかしこう思えば思うほど、要領のいい同僚たちに差を付けられていくのでした。

ここでやっと気づくのです。妬み続けることで出されるエネルギーはマイナスでしかない。妬めば妬むほど、自分の知識や技術は後退するだけだ。妬みを励みにしなければ自分はダメになる。人が成長した姿を見ることは、自分の成長につながる。そう気づきました。

そもそも、要領だけがいい、と思っていた同僚たちは、本当に「要領だけ」だったのでしょうか？　私の目にそう映っていただけかもしれないのです。**実際に「要領だけ」と思っていたある同僚は、人の三倍努力してい**

ました。

それに気づいてから、私は一つひとつの仕事を丁寧にする。この基本の積み重ねが強みになっていくのだ、と思えるようになりました。他人の成長を妬んでいるうちは、自分の成長ステージは無いのです。三倍努力する人がいたら、自分は四倍、五倍努力すればよいのです。妬みの対象だった人の努力を、自らの励みにしていくのです。「励みにする」とは、相手の優れた点を見つけて、自分も負けないようにすることです。そして、人の成長を自らの喜びとすることで、必ず成長ステージに立つことができ、必要とされる人間になれます。

C-17

言い訳は人をダメにする言葉である

うまくいかない時、失敗した時、
言い訳をいう人がいる
言い訳は、聞く側にとって、
とてもイヤなものである
言い訳を言うよりも、
まず謝ること、
出来なかった理由を謙虚に伝えること
言い訳は見苦しいものである
言い訳をしたくなるのは、
自己を防衛しようとしたり、失敗を認めたくない時である
言い訳は成功した時には使わない
言い訳はうまくいかない時に使う

言い訳すると、うまくいっていない事を、人に伝えるだけである
もし、言い訳を言いたくなったら、
言い訳は相手にとって、イヤなものであることを思い出そう
そして言い訳せずに、
率直に謝り、その理由や原因を伝えよう
言い訳は人をダメにする言葉である

言い訳を聞くのはイヤなもの。言い訳せずに率直に謝ろう。言い訳は、成長を遅らせる。

言い訳をしない

私がものづくりの会社でアルバイトしていた時のことです。工程には複数の人間が携わります。私はその日の業務を指示通りに行い、退社しました。

あくる日出勤すると、なにやらずいぶん騒がしい。何らかの問題が起こっているようです。上司は私に「指示通りになっていない」と怒り出しました。見ると前日私がやったのとは違う状態になっているんです。私は確かに指示通りにやって帰りましたから、その後誰か別の従業員によってそのような形になったとしか考えられません。

私は濡れ衣を着せられるのが嫌だったあまり、「私は先に帰ったので知りません。○○さんがやったのではないですか」と主張しました。私がこう言ったことで上司はさらに激怒しました。

「ひとのせいにするな」と。私でないのは事実です。しかし、上司は、誰がやったかということより、私が別の人間に責任をなすりつけたことを激しく叱責したのです。**人のせいにするのはビジネスで最低のことだ**、と。

以降私は、何か問題が起きたら、たとえ自分がやっていなくても、真っ先にそれを主張するのではなく、現場の人たちと一緒に問題を解決するために最善を尽くすことを心がけるようになりました。同様のことが起こらぬよう、「こうすればもっとよくなるのではないでしょうか」と改善策も提案するのがベストであると気づきました。

経営者になってからのことですが、自分の会社でこんなことがありました。

お客様から重大なクレーム。電話を受けたAさんは、その報告をうっかり忘れてしまいました。

三日後、お客様から激怒の電話が入り、社内は大騒ぎ。誰がはじめに電話を受けたのかという話になりましたが、Aさんは「知らない」と言いました。ウソをついてしまったんですね。「自分じゃない」と主張することで、結果的に社内のほかの人のせいにしてしまった。でも結局は後から分ってしまうんです。

それからは、社員が一人一冊ノートを持ち、いつ何時《なんじ》に誰からどんな電話があったかを記録し、さらに社員同士でノートをチェックし合って報告もれをなくすようにしました。

人間、誰でも忘れることはあります。つい言い訳をしたり、誰かのせいにしてしまいがちです。犯人捜しで嫌な思いをしたりすることのないような**体制や環境づくりもが必要**です。

C-18

「どうするのか」の言葉が職場を強くする

仕事は上手くいく仕事ばかりではない
どちらかと言えば、
上手くいかない仕事の方が多い
ミスや失敗もたくさんある
どんなミスだったかどんな失敗だったか、
を列記しておこう
お客様のせい、環境のせいに
すれば楽でいいが、
何かのせいにばかりしていては、
職場は強くならない
いつかは会社に危機が来る
「どうするのか」

「どうすればいいのか」を
真剣に考えれば、
会社の成長スピードは早くなる

「どうするのか」を
真剣に考えれば、
職場は強くなる。

否定語を肯定語に

何かを頼まれて、「無理です」「できません」と言って終わってしまう人がいます。

「弊社では扱っておりませんので」「上から許可が下りませんから」「ちょっと忙しくて…」などと、自社や自分の都合を言い訳にする人さえいます。

相手は、「無理なのは承知だが、そこを何とかして欲しい」という思いで頼んでいるのです。

相手には、あなたの会社やあなた個人の都合など関係ありません。

できないのにできるというのはダメですが、「できない」だけで終わってしまってはいけません。

たとえ不可能でも、「無理です」「できません」は口に出してはいけません。

「分りません」「できません」「無理です」は禁句です。

「その件は難しいと思いますが、これならどうでしょう」と、別の案を提示すれば、どうでしょうか。それだけでも大きな進展になり、人間関係も大きく変わってくるでしょう。否定を肯定に変える会話で、真のコミュニケーションを図りましょう。

C-19

何事も賞味期限がある

「商品」には賞味期限がある
「品質」にも賞味期限がある
「仕事」にも賞味期限がある
「会社」にも賞味期限がある
「社員」にも賞味期限がある
「あなた」にも賞味期限がある
賞味期限が切れると、不要になる
「あなた」は、会社で
いらない人になってしまう
自分の賞味期限を大切にして、
今すべきことを、しっかり取り組もう

常に
賞味期限を
意識せよ。

C-20

大きなタンカーより小さなクルーザーを選ぶ

世界の海を航海する巨大なタンカーを見ると、
その大きさ、高度な技術力に感動する
こんな大きなタンカーなら、非情な荒波も、
厳しい大海原も航海できるだろう
一方、目を転じれば、ヨットハーバーに、
たくさんのクルーザーが停泊している
タンカーに比べればはるかに小さく、
広い海に出ていくには危ない
大きなタンカーと小さなクルーザー、
自分はどちらに乗りたいだろうか
私は、迷わずクルーザーだ
クルーザーでの航海は、大変つらいけれど、

苦労の分だけ得るものも多いだろう
タンカーの航海は、楽かもしれない
しかし、楽ばかりしていては、技術や知識、経験を得る機会に恵まれない
楽ばかりしていると、実力がつかず、いざという時、役に立たない
いつも大きな船に乗って楽な航海に慣れてしまうと、
小さな船に乗れなくなる場合がある
時には自ら進んで、
自分を鍛えることを忘れずにいたい
どんな船も
乗りこなせる人になろう

時には厳しい状況を選び、自分から進んで鍛えることを忘れないようにしよう。

C-21

営業とは人間を学ぶ仕事である

営業という仕事は、時にはつらいことがある
いやな思いが続くと、営業そのものがいやになる時がある
しかし一方で、とても気持ちがいい出会いができた時は、
人間が好きになり、自分が受け入れられた、という充実感と
満足感を得られる
私は、営業活動を通して多くの人に出会ううちに、**この仕事は人間を学ぶ仕事**だと思うようになった
人間は、一人一人、考え方や意見が異なって当然である
話の聞き方、対応の仕方、断り方は千差万別である
特に、対応の仕方や断るときに。その人の人間性が現れる
多くの人と出会うと、人間としてのお手本にも出会う
良いお手本を見つけたら、それをマネて、自分のものとして

取り入れると良い
そして悪いお手本は、反面教師とすると良い
営業は、様々な人と出会い、多くのことを学ばせて頂ける
その学びの中から、自分を成長させることができる
そう考えると、営業という仕事は、ありがたい仕事だ
営業は、人間を学ぶ仕事なのである

営業で、出会う人から学べば、自分も成長する。より多くのお手本と出会い、学びを得よう。

C-22

営業とは自分を売り込むことである

売上げアップ、数字アップに躍起になって、ただ商品だけを
売り込もうとする人がいる
いきなり取引条件を並べても、
お客様は警戒して話が先に進まない
営業とは、自分を知ってもらうことから
始まることに気づくべきだ
自分がこういう人間だと
知ってもらって、信頼関係が生まれる
商品は二の次で、まずは自分を
売り込むことが必要だ
この気持ちが感銘を与え、
息の長い商売につながる

商品ではなく、
まず自分を
売り込もう。

自分を売り込め

私も新人の頃に経験があります。いきなり取引条件を並べ、ただ商品説明をするだけでした。

最初に商品から説明すると、お客様は警戒して話が先に進みません。成績の上がらない苦しい時期を経て、ようやく**「営業は自分を売ってこそ商売につながる」**ことに気づきました。

まず自分を知ってもらい、信頼関係を築くのです。

私の場合、地域の草刈りに参加して情報を集めたり、各家庭を訪問して力仕事や雑用を手伝ったりしました。お客様と親しくお付き合いして、自分というものをしっかり見て頂くのです。

同時に、お客様がどのように考え、どのように対応するかも学びました。

こうした、商品説明や取引条件を超えた「人と人との関係」が構築できると、お客様も増え、私を指名して注文が入るようになりました。

自分というものを相手にしっかりみてもらい、その精神が相手に感動を与え、「どうせならあいつに」ということになるのです。

C-23

アポイントには工夫と知恵が必要

営業はアポイントを取らねば仕事にならない

そのため、一方的に相手の都合を無視して強引なセールスをする人がいる

「○○会社の△△ですが、弊社の商品を紹介させていただこうと思いました。早速ですが…」

こういう営業マンは、間違いなく仕事ができない

優秀な営業マンは、ちゃんと相手の時間を考えて、

一週間前、二週間前、三週間前からアポイントを調整する

話の切り出し方や言葉選び、話題のセンスなど、相手に好かれる工夫をしている

自分に信用と興味を持ってもらうことがアポイント獲得の第一歩だ

相手がわざわざ貴重な時間を割いて、自分に会ってくれていることを常に念頭に置くべきだ

アポイントには工夫と知恵が必要である

アポイントは、相手の貴重な時間をもらっていることと心得よ。

お客様にメリットを

私は社会人になった時から、営業一筋でやってきました。毎日毎日、商品を買ってもらうことを目的に電話をしたり訪問したりしてアポイントをとり、商談を重ねて……という営業を必死でやっていました。

しかしあるとき、気づきました。このやり方を続けていると、自分の中に喜びや遣り甲斐が生まれるどころか、疲れだけが残っていくと。色々考えた末にたどり着いた答えは、「自分から一方的にお願いばかりしているからそう感じるのだ」というものでした。相手がわざわざ貴重な時間を割いて私に会うことに、何か意味があるのか？メリットはあるのか？　相手のお店や会社がより良くなるのか？

そういった相手の立場や思いをずっと無視して営業活動を続けていたのです。相手の時間をもらって営業させて頂いている、ということを念頭におけば、それまでの私のようなアポイントの取り方には決してなりません。

まず注意すべきは日程の決め方です。相手はたいてい忙しい人ばかりですから、日程はできるだけ先の方に設定します。相手の肩書が上になればなるほど先の日程にします。私の考える目安は、一般の社員の方なら一週間後、役員の方なら十五日後、代表者なら二十日後です。

訪問時間はもちろん相手に合わせます。

そして次が大事です。**時間は三分だけ！**

一つのことに絞って話すのです。すると相手は、「たった三分のためにこの人は二十日も前からアポイントを調整するのか。だったら少しくらいは話を聞いてみようかな」と思ってもらえることが多いのです。三分なら朝のちょっとした合間でも対応してもらえます。そこから話が二つ、三つと発展することだってあります。

まず「会ってもらうこと」が大事なのです。「三分程度なら明日かあさってでもいいですよ」となる場合もあります。こうして一度目の訪問が実現したら、一週間後、一か月後と、また同じことをします。「熱心な人だなぁ」と思ってもらえたらしめたものです。

この方法は、深層心理の面からも有効だと言われています。人は、自分が言った言葉や態度を一貫性のあるものにしたいという深層心理が働くそうです。つまり、一度決めた事に対して、次に同じようなことをする時に、前回と一貫性のとれたものにしたいと思うのです。このため最初の小さいお願い（「三分間だけ！」）に同意すると、つい断り切れずに次のお願い（「一週間後にまた伺わせてください！」）に対しても同意してしまうのです。

「三分だけでいいから、私にお時間を頂けないでしょうか」とか「三分だけでも、私の話を聞いて頂けないでしょうか」

このアポ取り、ぜひ実践してみてください。

C-24

営業は、成約後や商品購入後のフォローこそが大事

取引や契約が成立するまでは、あの手この手で熱心にアプローチする

でも、それ以降は知らんぷり、という営業マンが多い、そういう会社も多い

確かに、一度契約が成立すると、毎日、毎月のように用事があるわけではない

しかしその後、全くフォローが無い、というのはいただけない

お客様はその商品を買った瞬間から「この商品でよかったのか？」と後悔が始まると言う

「すばらしい選択でした」とフォローしてもらいたいのだ

営業は、成約後や商品購入後のフォローこそが大事なのだ

季節の挨拶一言でもいい、ご機嫌伺いでもいいフォロー営業のできる人は、多くのお客様に好かれ、可愛がられ、結果として成長スピードも速い

売って終わり、契約して終わり、ではない

アフターフォローまでを仕事としていけば、次の仕事に必ずつながる

アフターフォローをおろそかにしない人が、トップ営業マンになれる。

フォロー営業を怠るな

ある企業の女性営業員の話です。

私はその企業の商品に用などありませんでしたから、そんな営業は反射的に断っていました。当然会いもしませんでした。

しかし彼女は来る日も来る日も、夏の暑い日も酷寒の日も、どしゃ降りの雨でも台風の日でも、わが社を訪れ、私に会えないと受付に名刺を置いていくのです。

ある日のこと、私はたまたま会社におり、時間も少しありました。いつもの女性営業担当が来ていると聞き、初めて入ってもらうことにしたんです。その時点で「いったい何十回来ているんだろう？」というくらいの訪問回数になっていましたので、さすがに一度くらいは会ってみようと思ったわけです。

私に会って彼女はこう言いました。

「三十六回目でやっと会長さんにお会いすることができました！　うれしいです！」

彼女が受付に預けた名刺は実に三十五枚。2年くらいでしょうか？

もしかすると足掛け三年くらいはかかったかもしれません。

商品をアピールするための営業トークなどは一切してこず、ただ「会えただけでうれしいです。私の目標は達成できました」と、私と話せたことのうれしさを語るのです。

その熱心さ、ひたむきさ、実直な人柄。私はすっかり彼女が気に入ってしまい、いろんな話が広がりました。彼女の仕事ぶりもいろいろと聞きました。

結果的には彼女を通して取引も成立しました。


そしてフォロー営業を絶対におろそかにしないのです。


ことあるごとに顔を出し、細やかな気配りを見せます。

感激したのが私の誕生日。隣県の彼女の自宅近辺でわざわざ「おくさま印」のお米を売っているところを探し、そこで買ったお米でおにぎり弁当を作って持ってきてくれたのです。

その日は日曜日だったのにもかかわらず。

なかなかできませんよ、そこまでは。それに、心づかいが女性ならではです。まれにみる人だなあと感心しました。

その企業は大手で何万人も営業社員がいますが、彼女はいつも全国で三十位以内の営業成績を収めています。

こういう人はどんな業種でも優れた営業社員になれます。

あれ以来、彼女とわが社の取引は九年目を迎え、今も太いパイプでつながっています。

C-25

競争から共成へ

競争社会においては、
相手と競争して勝ち抜くことが前提となる
勝ち抜いてこそ評価される
しかし、人は勝ち抜くことばかり考えていると、
勝つことにしか価値を見出せなくなる
人は一人では生きられない
人は、良いパートナーと共に生きることが大切なのである
あなたは、この競争社会で、競争に勝つこと以外、
どんな価値を持って生きているだろうか
競争で勝つこと以外に、
お互いが協力し合い、
お互いが成長し合い、

お互いに成し遂げられる、
そんなお互いの喜びを、もっと感じよう
共に成長できる人がいれば幸せだ
お互いに、知恵を出し合うことで、予想外の力が発揮できる
共成（共に成長する）は、
お互いの力を向上させることができるのだ
自分が勝つことだけを考えず、共に成し遂げよう
一人の力では限界がある
共に考え、共に学び、共に成長し、
共に勝利する関係を作れた人は、
さらにパワーアップできる
ことになる

競争から共成へ、
共に成長できる
喜びを感じよう。

C-26

新しいことをする

何事も、同じことを繰り返すと、マンネリになる
同じことばかりすると、脳が働こうとせず、退化してしまう
人は、新しい体験や、新しい挑戦をして、
自分自身を活性化させていくものである
しかし、新しいことに、なかなか取り組まない人がいる
何故なら、**新しいことをするには、努力と意欲が必要だからである**
努力と意欲がある人とない人では、いずれ大きな差がでる
恐れず勇気を持って、今から新しいことに挑戦しよう
新しい環境を作ろう
新しい課題に取り組もう
新しい勉強を始めよう

新しい目標を持とう
新しいことに挑戦することで、あなた自身が活性化される
新しい発見があり、
新しい学びがあり、
新しい気づきがあり、
新しい刺激がある
人生、いくつになっても新しいことへの挑戦の
繰り返しである

新しいことをするのは、学びや気づき、刺激があり、自分自身を元気にさせる。

C-27

会社の良さをもっと考えよう

あなたは自分の会社のことを、どう思っているだろうか
会社が好きだろうか
入社して良かったと思っているだろうか
どんな素晴らしい会社でも、必ず問題点はある
どんな素晴らしい会社でも、必ず課題点はある
どんな素晴らしい会社でも、必ず改善点はある
しかし、会社の悪い点ばかりを探していても、楽しくはない
会社の粗さがしをしていても、気持ちは晴れない
ならば、もっと会社の良い点を見つけよう
どの会社も、素晴らしい点はある
どの会社も、他社に負けない点がある
会社の良さを見つけ、そこをもっと伸ばすために、仕事をし

よう
会社が良くなれば、仕事のやりがいも増える、働きがいが高まる
会社の良さに焦点をあてれば、自分自身も仕事が楽しくなる
そして、会社も成長する

会社の良いところに焦点を当てよう。良いところをもっと伸ばそう、あなたも会社も成長する。

C-28

会議では一言でも発言しよう

会議で発言するのが嫌で、その場にいないかのようにする人がいる
そんな人は、上司にも、仕事に対する姿勢に問題ありと捉えられてしまう
会議とは、人の意見を聞く場所ではなく、
自分の意見を聞いてもらえるチャンスの場所である
しっかり準備して、積極的に発言することが大切だ
意見がズレていたり、
良い案ではなくて却下されても、
一言も発言しない人よりも、
間違いなく印象がいいし、この先伸びる
会議で発言することは、

仕事に意欲的であり、
会社のことを考えているという証である

あなたの発言で、
生きた会議にしよう。

C-29

クレーム処理は誠実に対応せよ

クレーム処理は気が重い
しかし嫌だ嫌だと避けていたら、もっと大きなトラブルに見舞われる
クレーム処理で大事なのは電話をたらい回しにしないことだ
先ず電話に出た社員がきちんと話を聞き、
「申し訳ございませんでした
私、〇〇と申しますが、詳しい者から直ぐに折り返しお電話させていただきます」と、
誠実に対応する
自分のせいではないからと、謝罪すら述べずに、電話を回そうとするのは言語道断だ
また、相手の話に対して口を挟まないこと、

誠意を持って最後まで聞くことが大切だ
クレーム処理一つで会社の信用度が大きく変わる
その自覚を持って、真剣に、誠実にクレームに対応できる人は、
何れ会社を背負って立つ人になれる

クレームは宝物と知れ。

大切なのは日頃のお客様との関係

お客様のクレームの原因は様々です。

「食品が賞味期限切れだった」「電話応対が悪い」「商品知識が無さ過ぎる」「接客態度がなってない」等々…。

しかし意外と、問題の根は共通なのではないでしょうか。私はその原因を「三つの不足」にある、と考えています。

一つ目は「情報不足」です。商品知識もそうでしょうし、お客様のお考え等も、広く言えば把握しておくべき情報だと思います。

二つ目は、「説明不足」です。食品の製造年月、商品の取り扱い方法といった説明をきちんとしないと、後でトラブルが生じがちです。

三つめは、**「関係性不足」**です。私はこれが一番重要ではないか、と思っています。お客様との人間関係のことです。

有ってはいけない事ですが、誤った商品説明をして、その結果、お客様が間違った買い物をしたとします。

当然お取替えするのですが、その際、お客様に時間的負担、精神的負担をおかけしてしまいます。

お詫びして済むことではないのですが、日頃からそのお客様とお顔馴染みで、色々なご用をお聞きしていたりすると、誤った説明が大きな問題に発展しない可能性が高いと思います。

あなたの日々の笑顔が、お客様との人間関係を築き、お詫びを受け入れてくれるのではないでしょうか。

是非、お客様との日々のお付き合いを大切にしてほしいと思います。

C-30

悪口は、結局自分が損をする

人が集まって話が盛り上がったとき、飲み会の席、ついつい
その場にいない人の噂話が……！
気を付けなければいけない
人の悪口は、聞いていて気持ちのいいものではない
蔭に隠れて悪口を言う人は、「人間的に問題あり」と見なされる場合が多い
悪口を言う人の心理には、妬みや恨みが渦巻いている
悪口を聞いて、なるほどいいことを言うな、と思う人などいないと思う
むしろ「自分のこともどこかで言っているのでは？」と不審がられ、
やがて周囲から敬遠されてしまう

悪口は慎みたい
もちろん人の悪口に同調するのもやめよう

悪口は、
言う方も
聞く方も
マイナスだ。

悪口の輪に入るな

私が、ある会の集まりに出た時の話です。メンバーが一堂に会しての話し合いが終わり、トイレへ行きました。すると、出席者同士がある別の出席者について、陰口をたたいているんですよ。しかも大きな声で、「あの人、バカじゃなかろうか」なんて笑いながら。

子供じゃあるまいし、ついさっきまで一緒にいた人のことを別の場所でけなすなんて、いったいどんな人間性なのかと疑ってしまいます。

次の瞬間、私は凍りつきました。まさにその噂の的になっている人が、すぐ近くで手を洗っているんですよ。私は横にいて聞いていただけですが、そんな場面に直面して、びっくりして一緒に凍り付いてしまったのです。まさかトイレに先客がいて、よりによってその本人だったなんて。

その人は何も言わずにトイレから出ていきましたが、自分の蔭口をあんな形で聞いて、どんな気持ちを抱いたことでしょう。いやあ、トイレって怖いなあ、悪口って怖いなあと震え上がった次第です。

こんなこともありました。

これも大勢の業界人のいる集まりでした。私は数人の輪に入って歓談していました。

そこで一人が、ある人の悪口を言ったんで

す。私はそんな話題に入りたくなかったので聞いているだけでした。しかしうかつなことに、

「……と思いませんか、川西さん?」

と不意に振られた時、うっかり「ふんふん」と相槌をうってしまったんです。

相槌だけですよ。

そして後日のこと。とんでもないことになっていました。どこからどう伝わっていったのか、

「川西が、○○氏のことをこんなふうに言っていた」

と、なぜか私が発言したことになっていたんです。びっくり仰天です。うっかりとはいえ、うなづいただけなのに。

私は、人の悪口を言うなんてもってのほか、同調するのさえ嫌だと思っているので、そんなふうに思われたことがとてもショックでした。人を笑い者にして憂さ晴らししたり、悪口を酒の肴にして楽しんだり、そんな人生は送りたくないと思っていましたから。

このことがあってから、他人の噂話には絶対に同調しないように気を付けています。

悪口が始まったらその輪から離れる。同意を求められても「私、あまりよく知らないんですよ」とにごす。これが一番です。

皆さんもぜひご注意ください。特に、トイレは鬼門ですよ!

C-31

お金の使い方でビジネスの感性が問われる

お金の使い方が下手な人には、気のいい人が多いようだ

ついつい人におごったり、高額な接待をしたりと、公私に関係なく無駄なお金を消費してしまう

そんな人は、「この人、ビジネスでの金銭感覚もこんな感じなんだろうか？こんなことで大丈夫なのか？」と不信感を持たれてしまう

まして**経営者なら、会社の状態を疑われかねない**

あなたは日頃から、「生きたお金の使い方」を意識しているだろうか？

「生きたお金の使い方」をする人は、無駄なお金を一切使わない

接待費も、効果が期待される場合は気にせず活用するが、

そうでなければきちんと見極めて、
適切なお店選びをして、さっさとお開きにする
賭け事などはもってのほか
お金の使い方に、あなたのビジネスのやり方が垣間見られる
のだ

お金の使い方は、
個人の問題を超えて、
ビジネスの姿勢を
問われる。

C-32

決断は成功へのひとつの扉

私達はいつも決断の連続だ
特に経営者なら、決断することが仕事だと言っても過言ではないだろう
大事な局面なのに、いざとなると迷ってしまって決断できない人がいる
こういう人は、周囲や上司、部下からの信頼を得られない
注意しなければならないのは、
このタイプは一見慎重なように見えて、
その実、チャンスを逸してしまっている、という悪循環に陥っているということだ
数えきれない失敗や挫折を味わってきた人ほど決断力に優れている

私は決断に迷ったとき、
「今、何をすることが自分に求められているのか、
何をすることが自分の道なのか、
ひいては、何が正しい道なのか」
を考える
こうすれば、混乱した頭がだんだんと整理され、答えがおのずと出てくるものだ
ときには攻撃型、ときには防御型
決断もいろいろだ
決断することに勇気を持ち、
立ち向かっていくことで、
自分の能力も高まる

決断こそ、
経営者の
するべき仕事である。

C-33

贅沢の中の怠慢を排除しよう

毎日元気で
毎日会社に行き
毎日仕事があり
毎日ご飯が食べられて
毎月給料がもらえる
これが当たり前と思っている
病気になる
会社が無くなる
仕事が無くなる
ご飯が食べられない
給料が入ってこない
失ってみて始めて当たり前の事が、どれだけ有り難かったの

かと気付く
それでは遅い
日々、健康であることに感謝
会社があることに感謝
仕事があることに感謝
お客様があることに感謝
給料がもらえることに感謝
日々の当たり前に感謝できる人になっておこう

日々の恵みを
当たり前と思うのは、
贅沢である。
感謝を忘れるな。

責任感を持て

責任感は、仕事や課題への取り組み方に現れます。その人の仕事に対する粘りに現れるのです。途中であきらめる人は、行動に粘りのない人が多く、成果もあまり期待できません。当たり前の事ですが、責任感のない人を会社は必要としません。

本当に会社に愛着を持ち、仕事に誇りを持っていたら、責任感は自ずと生まれてくるものです。私は責任感の欠如は「贅沢の中の怠慢」だと思っています。まず、会社があること、仕事があること、お客様があることに感謝すべきでしょう。

だれでもはじめに与えられるのは、小さな仕事です。それを責任感を持って全うできれば、もっと大きな仕事、さらに大きな仕事と進めるでしょう。

責任感が大きな仕事を作るのです。

C-34

仕事にはスピード感が大事

仕事ではスピードが大事である
納品、クレーム対応、トラブル解決、営業の新規開拓など
遅い人や遅い会社に仕事を頼みたくはない
トラブルが生じたら、その場ですぐに
対処しないと大きな問題になってしまうし、
一歩出遅れたために
大きな仕事を失うことにもなる
俊敏な計画、素早い決断、
機敏な動き、早急なフォロー
営業では、ニーズをライバルより
一歩先につかんで先手必勝で行こう

スピード重視で、
あなたの付加価値は
さらにアップする。

C-35

目に見える資産と目に見えない資産

企業経営は色々な資産で成り立っている
人、物、金、技術力、情報力、事務所、機械、決算書の数字……
私は、これらの資産を、目で見て確かめられるので、目に見える資産と呼んでいる
しかし、目に見えぬ資産もある
心に響く挨拶、元気な行動、大きな声、明るい笑顔などを
私は目に見えにくい資産と呼んでいる
これからの時代は、
この目に見えにくい資産を磨くことによって、
強い企業になれる
何故なら、商品のクレームの時代から、人のクレームの時代

になっているからだ

選ばれる企業には、選ばれる人がいる時代

企業は、人の質によって差がつく時代である
素晴らしい挨拶と元気な声、周りを明るくする笑顔は、
職場環境を変える力を持っている

**目に見えない
資産を大事にしよう。
これからの時代、
それが企業を選ぶ
基準になる。**

C-36

真のサービスは人の心に喜びを届けることである

それが会社の決まりだから、とマニュアルをなぞった対応しかしない人がいる
お客様のニーズを無視したうわべだけのサービスは、直ぐに相手に伝わってしまう
私も良く経験する
飲食店、ホテルなどで「真心のサービス」「お客様第一のサービス」と謳っているのに、
マニュアルの棒読みで、笑顔すらない接客態度だったりする
ちょっとした頼みごとをしても、「規則なのでできません」と一言でシャットアウト
サービスとは、人の心に喜びを届ける技術である
人の心を動かすものである

営業でも接客でも、その他どんな職種でも同じだ
真のサービスとは、心に響く心配りなのだ
本当に喜んでもらいたい気持ちがあれば、
お客様が何を求めているかが分るはずだ

人の心に喜びを
届けるのが
真のサービスである。

小さな約束を守ろう

「後で調べてお伝えします」といった、お客様とのほんの小さな約束があります。

小さな約束だからといって、いい加減な対応をしたり、忘れてしまったり、あげくは無視してしまう人もいます。その約束が、お客様にとって非常に大事なものだったら、とは考えないのでしょうか。たとえその時はトラブルにならなかったとしても、遠からず大きな問題になりかねません。

信頼は、小さな実績の積み重ねです。

約束に大小はありませんし、大きかろうと小さかろうと約束は約束、守らなければなりません。たった一枚の資料をわざわざ届けたり、「いつでもいいですよ」と言われていた商品をすぐさま送ったりといった気づかいは、思わぬ感謝を生みます。

そのちょっとしたサービスが、お客様の心に響くのです。

ほんの小さな約束を守ることであなたの人間的魅力はぐんとアップし、仕事での良い評価につながるでしょう。

小さな約束も大事にすることが、大きな信頼を勝ち取る近道なのです。

終章

E：Essence

23の気づきのキモ

E-1

苦しさ信条五訓

1. 苦しさは人生につきまとうもの
2. 苦しさは誰しも味わうもの
3. 苦しさに立ち向かえ
4. 苦しさに負けるな
5. 苦しさを乗り越えろ

苦しさを乗り越えろ

私が若い時に仕えたオヤジさんは、大変に厳しい人でした。苦しい日々が続いて、こんなことが一生続くのか、と心が折れそうになりました。そんな時です。

オヤジさんから、「苦しくても五年辛抱せい、五年辛抱すれば一人前や。五年辛抱するなら、お前を大阪商人に育ててやる。できるか」と言われました。

私は、『一生、辛抱はつきまとうものだ』と思っていたので、「五年の辛抱ぐらいなら、なんでもない」と答えました。

それからのオヤジさんは、厳しさの中にも、心から私を思ってくれる温かい気持ちをいたるところで見せてくれるようになりました。

そしてオヤジさんは、お前はこの業種に向いている、お前ならやれば必ずできる、と常に励ましてくれるようになったのです。私は苦しさを一つ乗り越えたと思いました。

苦しさの後のオヤジさんの温かい励ましは、何よりも嬉しいものでした。この「苦しさ信条五訓」は、そんな私の苦しさの中から生まれたものです。

E-2

プロの条件十ヵ条

1. 素直になれる人
2. 人の意見を正確に聞ける人
3. 常に挑戦している人
4. 最後までやり通せる人
5. 信頼される人
6. 笑顔で仕事ができる人
7. プラス思考の人
8. 成果を出して貢献できる人
9. ミスを早く発見できる人
10. 必要なフォローができる人

本当のプロになれ

仕事に慣れて、そつなくこなすことをプロフェッショナルだと思い込んでいる人がいます。そこには自分に対する甘えしかなく、意識も当然低いままです。時間だけ使って、やり過ごそうとするようにすら見えます。こんな人は、会社で自分の足跡も残せません。

本当のプロは「私にはわかりません、できません」と口に出しません。万一わからないことがあっても、「私が調べます、私に任せてください」と言います。何事においてもチャレンジ精神が高く、仕事に対する自負心も人一倍で、誰にも負けないという意識を持っています。一切の甘えを捨て、自分に対しても厳しくあることが、プロであるための条件です。

E-3

部下を育てる五つの育成法

1. まず部下の強味を知る
2. 次に部下の弱味も知っておく
3. してほしいことを何度も繰り返し伝える
4. ミスをすればすぐに、わかりやすく注意をする
5. できたら必ず誉める

ごく基本的なこの五つの育成法で、まず、部下を育てる手がかりをつかんでください。
成果が出せる人づくりは、上司の使命です。

E-4

お客様から信頼を得るための五つの言葉

1. ありがとうございます
2. うれしいです
3. 助かりました
4. 大丈夫です
5. 任せてください

お客様との人間関係を良い状態にするためには、まず言葉を使ってコミュニケーションすることが求められます。会話を通して、信頼を得られるよう努力することが必要です。このため、自分自身が使う言葉を整理し、信頼を得る言葉使いに徹しなければなりません。先に掲げた言葉を、私は信頼五大用語と呼んでいます。これらの言葉を、誰よりも、心からたくさん言える人になることが、大切です。

E-5

儲けるための十ヵ条

1. 信頼してもらうこと
2. お客様に喜んでもらうこと
3. 一生懸命働くこと
4. 工夫と知恵を出すこと
5. 人の話をよく聞くこと
6. 誠実さを欠かさないこと
7. 謙虚な姿勢と感謝する気持ちを持つこと
8. 有言即行に努めること
9. 決して諦めないこと
10. 大きな声、てきぱきとした行動、自分から先に挨拶、明るい笑顔……など当たり前のことを当たり前にすること

E-6

人が強くいられる十の条件

1. 心身共に健康であること
2. 家庭円満であること
3. 信頼できる人がおり、また信頼してくれる人がいること
4. 心から楽しいと思えることがあること
5. 話がはずむ時間があること
6. 仕事に誇りを持てること
7. 自分の成長を感じられること
8. 責任を持つ場があること
9. 人に喜んでもらえる喜びを知っていること
10. 自分で自分が好きでいられること

E・7

どの会社でもいらない人の十の共通点

1. 毎日時間をつぶしている人
2. 部下に指示を出さない人
3. 自分だけを大切にする人
4. 報酬だけもらえばいいと思っている人
5. 働いているフリをしている人
6. 成果・実績が出ない人
7. 改善・工夫がない人
8. 言われたことだけしている人
9. 職場の空気を濁す人
10. ミスや失敗を隠す人

E-8

良きリーダーの十ヵ条

1. 目標を達成する人である
2. 問題の早期解決をはかる人である
3. 変化に対応する人である
4. リスクを背負う人である
5. 部下を育てる人である
6. 部下のやる気を高める人である
7. 部下をまとめる人である
8. 部下のミスをフォローする人である
9. 部下の成長を喜ぶ人である
10. 自らも成長する人である

駄目なリーダーになるな

リーダーとしてうまくまとめられない時があります。周りが言うことを聞かない、思うように動いてくれない、指示したが理解していない、部下がやる気を出さない、職場の士気が落ちてきた等々……リーダーとして辛い時があります。こんな時は、まず自分のリーダー像を明確にしましょう。先に掲げた「リーダーの十ヵ条」を見てください。明確にすると、明日からの取り組み方や行動が明確になります。

では逆に、駄目なリーダー、欠陥上司とはどんな人でしょうか。次にその「十ヵ条」を掲げておきます。その反対をやればいい上司になれるので、この「欠陥上司十ヵ条」を覚えておくと、意外と役に立ちます。

1. 部下を甘やかす
2. 部下の言いなりになる
3. 部下と一緒に人の悪口を言う
4. 部下の面倒を見過ぎる
5. 偽りのやさしさで接している
6. 成果が出せていない
7. 部下の短所を見抜けない
8. 部下の長所を見抜けない
9. 明確な職業観を持っていない

10. 自分に甘い

そしてこれからの時代、リーダー、部下を問わず、新しいタイプの「ダメな人」も出てきています。

1. アイディアがあっても、行動計画が無い人
2. お客様の心がわからない、非現実主義者
3. 伝統に安住する、ジリ貧人間
4. できない理由ばかり言う、自称天才
5. 先手を打たずに、失敗ぎりぎりまで、挑戦しない人

こんな人は、超スピード社会の二十一世紀には通用しません。リーダーも部下も、ともに「ダメな人」にならないよう、日頃から心がけましょう。

E-9

五つの当たり前を、高い基準で身につけよう

当たり前のことは、誰でもができると思っている
しかし、当たり前のことを当たり前にするのは難しい
当たり前のこと（仕事の基本）が、実際にできる人は、なかなかいない
その中でも特に大切なことが五つある

1．**「素晴らしいあいさつ」**が当たり前にできること
あいさつは誰でもできる
しかし、素晴らしいあいさつはなかなかできない

2．**「素晴らしい笑顔」**が自然にできること
笑顔は誰でも作れる
しかし、素晴らしい素顔は誰にでもできるわけではない

3. **「元気さ」**が当たり前にできること
だれでも元気でいることは出来る
しかし、誰にも負けない元気さは、なかなか持てない

4. 常に**「気づき」**がある
気づきは誰にでもある
しかし、人の気づかない気づきは、なかなか得られない

5. 何事も**「すぐに取組む」**こと
すぐに取組む大切さを分かっている人は多い
しかし、本当にすぐ取組める人は少ない

仕事をする上で、「当たり前の基準」をより高く設定し、
より高い当たり前をできる人になることが、
明日への成長につながる

E-10

三つの目で変化を察知せよ

自分を取り巻く環境、社会は、日々刻々、変化している
変化がないと新しいものは生まれない
そして、変化に挑戦してこそ成長できる
変化に気づかないような鈍感で怠慢な人は、ずっと独りよがりのままだ
変化に気づくには、広い視野を持たねばならない
私は、視野を広くするために大事なのは「三つの目」だと考えている

1. **「鳥の目」**で見る
高いところから俯瞰してものを見る
ビジネスでは、先を見る目線である

2. **「虫の目」**で見る
地に足をつけ低い位置からものを見る
ビジネスでは、現場主義の目線である

3. **「魚の目」**で見る
水流を読んで泳ぐための目である
ビジネスでは、時代の流れを見る目線である

三つの目で視野を広げ、変化を察知しよう

E-11

十五の「主役宣言」

好むと好まざるにかかわらず、人は、場面に応じて、主役を演じている時と、脇役を演じている時がある

仕事においては、主役を演じることと、脇役に徹することの、どちらも求められる

しかし中には、脇役だけが好きで、初めから主役になろうとしない人がいる

けれども、誰もが主役になることを、期待されているはずである

ならば自分なりに、「主役宣言」をしてみたらどうだろうか

1. 主役は、「**会社の顔として仕事**をします」
2. 主役は、「**人を大切に**します」
3. 主役は、「**仕事を大切**にします」

4. 主役は、「**喜びを与え**ます」
5. 主役は、「**笑顔を大切に**します」
6. 主役は、「**活き活き**しています」
7. 主役は、「**感謝すること**ができます」
8. 主役は、「**心の温かさ**を持っています」
9. 主役は、「**活動的**です」
10. 主役は、「**能力開発**を続けています」
11. 主役は、「**感動**を与えます」
12. 主役は、「**中途半端なことはしません**」
13. 主役は、「**難しい課題**に取り組みます」
14. 主役は、「**輝いています**」
15. 主役は、「**謙虚さを忘れません**」

自分が主役になることの自覚と自信を持とう
主役として活躍すべき課題を整理すると、
明日からの行動が変えられる

E-12

仕事を成功させる三本柱

仕事を成功させるためには、
「どんな目標を持つか」に一〇〇%を割く
それには次の三本柱が大切だ
「そのために何をすべきか」に四十%
「いつまでにやるか」に三十%
「どのような方法でやるか」に三十%
を割こう

そして私は「いつまでに」を考えるとき、
仕事の期間を四時期に分ける
例えば一か月後が目標達成日なら、一週間ごとに第一期～第四期と分け、

一期で五十%、
二期で三十%、
三期で残りの二十%を終えるよう計画し、
四期は調整期として使う

E-13

「小さな一流企業」を目指すための五つのポイント

企業は、規模でなくて質だ
「小さな一流企業」を目指そう

1. 小さくても、いい人材があればいい
2. 小さくても、やる気がある集団であればいい
3. 小さくても、一生懸命さが伝わればいい
4. 小さくても、お客様の笑顔がたくさん見られ、お客様から信頼されていればいい
5. 小さくても、大きな心があればいい

小さな会社だからこそ、できることが多くある
小さな会社でも、恥じることはない

会社の大きさより、魅力の大きさで勝負しようではないか

小さな一流企業を目指して、
魅力あふれる会社にしよう

小さな一流企業になろう

私の会社は、人が輝く「小さな一流企業」を目指しています。

今や時代は、商品で選ばれる時代から人で選ばれる時代です。人で選ばれるために、まず**「あいさつが一流」**の社員の集団を目指しています。会社では、全員が相手の目を見ながら握手をして、「お早うございます」「お先に失礼します」とあいさつをします。これを「元気体温計あいさつ」と名付け、すでに三十年以上やっています。握手した時の手の温もりから、相手の元気さがわかり、思いやりの気持ちも生まれます。あいさつができる人は、お客様から信頼され、仲間を増やせます。また、必ず相手より先に挨拶をしましょう。与える印象が格段によくなります。「はい」は「拝」。相手に対する敬いの気持ちも込めましょう。

次は、**「元気が一流」**です。元気はどこに現れるかと言えば、「声」です。喜びが大きく幸せな時、そして仕事がうまくいっている時、人の話す声は、少し大き目で張りがあります。反対に、悩んでいたり辛い時は、声に張りがなく小さくなります。声を意識して出さないと、周囲に不安や心配を与えてしまいます。どんなに気持ちが落ち込んだ時でも、しっかりと相手の心に響く声を出すことが大切です。声は業績に比例するのです。大きく響く声を出して**「元気が一流」**を目指しています。

もう一つは**「きれいが一流」**です。誰しも清潔でありたいと思っています。しかし、この思いと実際の行動は、なかなか一致しません。ゴミを見つけても、ついついそのまま知らんふり、ということもよくあります。私は社員には、ゴミを拾う人になって欲しいと思います。それで、出社したら、一人一日二つのゴミを拾う、という運動を社員全員で続けています。「一・一・二運動」と言います。社員一人一人の心に、この運動が浸透し、日本一の美しい会社を作り上げたいと思っています。

「あいさつが一流、元気が一流、きれいが一流」

そういう「小さな一流企業」になりたいと思っています。商品で差別化できないなら、人での差別化を目指しましょう。あの会社に行くと、元気をもらえる、明るくなる、だから商品を買おう、取引しよう、そんな会社になることを望んでいます。

E-14

「夢の実現」三ヵ条

夢のない人は魅力に欠ける
男性であれ、女性であれ、夢のない人に輝きは生まれない
せっかくこの世に生まれてきたのだから、夢を持とう
何事も目標がなければ進歩しないのと同様に、夢がなければ
生きがいも魅力も生まれない
夢に大きい、小さいはない
自分が描く夢、それが一番だ
夢の実現に向けて、次の三ヵ条をいつも心がけよう

1. 小さなことにも明確に目標を持つ
2. 人との出会いを大切にする
3. 小さな努力を継続させる

夢があるからこそ頑張れる、そんな人生でありたい

E-15

「五縁」を大切にしよう

自己中心的な人、人を大切にしない人は、せっかくの縁を見逃す

人は必ず「何かの縁」で出会っている

それなのに、せっかくのいい縁を生かせない人が、世の中にはたくさんいる

自分から積極的に人に接していかなければ、その縁は結ばれるところまでいかない

私は「五縁」を大切にしている

1. 「血縁」
2. 「地縁」
3. 「知縁」

4．「社縁」
5．「趣縁」

良き縁は、あなたを良くし、あなたのプラスとなる
大事なのは、良き縁は自ら進んでつくり上げていくものだということだ
人は縁で出会い、縁で変わる
「縁ありて出会い、心響かせ実を結ぶ」
私の大好きな言葉だ
せっかく出会った縁を大切に、自分から良きパートナーシップを発揮させていこう

E-16

どうすれば人の心をつかめるか――先に挨拶をすることによる五つの効用

どうすれば人の心をつかめるか
答は簡単である
まず**相手より先に挨拶**
相手を笑顔にさせればよい
相手が笑顔になった瞬間にその人の心は開いている

1. 先に挨拶をすると、知っている人、知らない人とも仲良くなれる
2. 先に挨拶をすると人気者になる
3. 先に挨拶をすると、好きになってもらえる
4. 先に挨拶をすると、信頼関係が生まれる
5. 先に挨拶をすると、仕事が舞い込んでくる

挨拶は魔法の言葉だ
挨拶による笑顔が心を広くし、
挨拶による感動が心を美しくする

挨拶に限らない
私は、何事も「先に」することを心がけている

先に、声をかける
先に、笑顔になる
先に、相手の目を見る
先に、話題を伝える

「先に」することは、自分から人間関係を作る素晴らしい術だ

E-17

三つの「配り」を忘れずに

「おもてなし」とは、もともと、「持って成す」という漢字から来ている

相手に喜びや満足をお届けする気持ちを持って、成し遂げる

それがおもてなしの精神だ

おもてなしに大切なことは、三つの「配り」である

1. 「目配り」
2. 「気配り」
3. 「心配り」

思いやりの気持ちを基本に、どうしたらその人に喜んで頂けるか、に重きを置こう

三つの「配り」の完成度の高い人は成長スピードが早い
自分の気持ちに余裕を持って、周りの人に対して常に思いやりと注意する気持ちを持つことが大切だ

E-18

「毎日五訓」で小さなことを積み重ねよう

一日一日の積み重ねが大きな成果を生むように、何語もささいなことの積み重ねが大事だ
チリも積もれば山となる
能力も、経験も、信頼も積み重ねだ
私がよく言う言葉の一つに。「毎日五訓」がある

1. 毎日が勉強
2. 毎日が気づき
3. 毎日が挑戦
4. 毎日が成長
5. 毎日が感謝

小さな報告やちょっとした連絡を大切にしよう
ミスのないようにするのには、
日頃からどんなことでもいい加減にしない生活態度が大事だ
「毎日五訓」で小さなことを積み重ねよう

E-19

強い優れた上司になる「五つの能力」と「五つの技術」

強い優れた上司になるには、
「五つの能力」と「五つの技術」が必要である

「五つの能力」とは、

1．目標を作る能力
2．目標を達成する能力
3．部下を束ねる能力
4．部下を伸ばす能力
5．時代に適応する能力

そして「五つの技術」とは、

1．部下の本音を聞く技術

2. 悪いことを上手く伝える技術
3. 孤独に耐える技術
4. お客様に怒られない謝り方の技術
5. 心に伝わる誉め方・叱り方の技術

中小企業では，一人で二役三役をこなせる人材が求められる

E-20

人脈作りの十ヵ条

人脈は、人生の宝だ
常に人脈作りに心掛けよう

1. 気配り、心配り、目配りの「三配り」のクォリティを高める
2. 約束をしたら実行する
3. 出来ないことは引き受けない
4. 嘘をつかない
5. 人の好き嫌いをしない
6. 人の悪口を言わない
7. どんな人にも長所と短所がある。「短所に目をつぶって長所を引き出し、自分に役立てる

8. 目上の人を立て、仲間に先を譲り、下の者に威張らない
9. 面倒な仕事ほど率先して引き受ける
10. 他人の見ていないところで汗を流す

E-21

会社が強くなる「三つの意識」

会社は存続のためには、強くなくてはいけない
強くなるには、三つの意識が欠かせない

1. サービス意識

おもてなしの心を持った人の集団
あいさつが一流
電話の応対が一流
親切、思いやりの心を持った人の集団
相手の立場に立って物事を考えられる集団

2. コスト意識

ムダ、ムリ、ムラを徹底して排除する
一つの商品にいくらのコストがかかっているのか

コスト計算のプロの集団にする

3. 期日意識

お客様との約束を守る
しかし、どうしても約束期限までに出来ない場合がある
その場合は、
「本当に申し訳ございません。○○の理由で、○日○時までお時間をいただけないでしょうか」
と必ず前以て明確な中間報告をする
それにより信頼関係が倍増する

E-22

我が社の「厳守五訓」

弊社の「厳守五訓」を挙げたい
この「五訓」を常に頭に置いて、日々の仕事をするよう心がけている

1. 挨拶

挨拶の「ムラ」のある人は、幸南食糧株式会社の組織人ではありません

2. 誠実

人間関係の根幹である「社会ルール」「組織ルール」を厳守します

3. 親切

品質保証と顧客満足は、心を動かして仕事に取り組むこ

とにあります

4. 敏速

幸南食糧株式会社にとって、速さは力です
事業の「企画」「立案」「計画」は超スピードで取り組みます

5. 責任

「知らない」「分からない」は口に出しません
「私が調べてみます」「私に任せてみてください」
常に前向きの心を持って取り組みます

守るべきことを全員で決め、決めたルールを全員で守る会社が一番強い

E-23

人生は、「三つの知恵」で成り立っている

人生は、三つの知恵で成り立っている

1. 見たり
2. 聞いたり
3. 試したり

多くの人は「見たり」「聞いたり」はするが、一番大切な「試したり」はほとんどしないように感じる
知っていることと身についていることとは違う
単に知っている、という「知識」ではなく、それを使いこなす「知恵」を身に付けよう

あなたの貢献度チェックシート

この本をお読み頂いた皆様に、心から感謝とお礼を申し上げます。

私はこれまでの人生における様々な経験を通して、多くの気づきを得ることができました。その中で、私が仕事をする際に大切にすべきだと思うことをまとめてみました。これらがきちんと実行できれば、組織人として少なからず会社に貢献できるものと思っています。

ご参考までに、皆様各々が自己チェックして頂き、ご自身の振り返りに活用して頂ければ幸いでございます。

川西　修

〈あなたの損益計算書〉

組織の1人として、あなたはどれだけ会社に貢献できていますか。その度合いを下記の30項目でチェックしてみましょう。

	収入の部（貢献度）	支出の部（迷惑度）
心の面	□人の気持ちが分かる □心からの応対ができる □心の触れ合いができる □心を込めた会話ができる □思いやる気持ちがある □感謝の気持ちがある	□人の気持ちが分からない □心からの応対ができない □心の触れ合いができない □心を込めた会話ができない □思いやる気持ちがない □感謝の気持ちがない
お客様面	□ニーズが分かる □情報提供できる □信頼されている □お客様を大切にしている	□ニーズが分からない □情報提供できない □信頼されていない □お客様を大切にしていない
商品面	□商品知識がある □売れ筋商品を知っている □商品説明力がある	□商品知識がない □売れ筋商品を知らない □商品説明力がない
行動面	□迅速に行動できる □時間を守れる □成果がでる □報告ができる □計画通りに行動できる □プラス志向である □改善できる □問題意識を持っている □対応が良い	□迅速に行動できない □時間を守らない □成果がでない □報告ができない □計画通りに行動できない □マイナス志向である □改善しない □問題意識を持っていない □応対が悪い
計画面	□日々の計画を立てている □計画をチェックしている □計画的な準備ができる	□日々の計画がない □計画をチェックしていない □計画的な準備ができない
能力開発面	□向上心がある □自分の弱みを改善している □学ぶ姿勢がある □努力している □自己啓発をしている	□向上心がない □自分の弱みを改善しない □学ぶ姿勢がない □努力しない □自己啓発をしていない
	合計欄→ 合計数　／30	合計欄→ 合計数　／30

あなたの貢献度の算出（方程式）

＊該当項目数を記入して下さい。

収入（　　　）－ 支出（　　　）－ 経費（　　　）

給与

＝ あなたの貢献度 ＋・－（　）

＊経費欄は給与支給額を現します。但し、給与支給額は階層別に分けた下記の表１（給与算定数表）からその点数を記入して下さい。

＜記入方法＞

■収入：あなたの損益計算書から収入に該当する合計項目数を記入する。

■支出：あなたの損益計算書から支出に該当する合計項目数を記入する。

■経費（給与）：下記表１（給与算定数表）より該当する点数を記入する。

表1. 給与算定数表

クラス	点　数
一般社員	18
リーダー（係長・課長）	20
部　　長	22
取　締　役	24

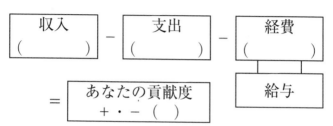

■あなたの貢献度を算出した後、各自自己の改善内容を記入して下さい。

＜あなたの貢献度チェック後の改善内容＞

【著者紹介】

気づき経営の元祖®

川西　修（かわにし・おさむ）

一九四六年香川県生まれ。一九六五年に坂出工業高校卒業。

その後野田産業株式会社、川長商会株式会社で営業職を経験する。

一九七六年、松原市にて幸南食糧株式会社を設立。

現在、幸南食糧株式会社取締役会長ならびにグループ会社の代表取締役を務めるかたわら、学生や市民、企業を対象にした講演活動も精力的に行う。自身の体験に基づいた幅広いテーマの講演には各方面から定評がある。

松原市　代表監査委員
松原商工会議所　特別顧問（前会頭）

著書　『一つ苦しんで二つ学ぶ』
『成功する道は誰にでもある』
『ちょっとの気づきで人は変われる』
『ちょっとの気づきで人は変われるⅡ』
『「気づき」は、あなたを変える力となる』
いずれもKONANコミュニティカレッジより発行
『ビジネスで損をしない100の方法』
川西修・小倉やよい共著
フジサンケイビジネスアイ（日本工業新聞社）発行

〈会社概要〉

会社名	幸南食糧株式会社
本社所在地	〒580-0045 大阪府松原市三宅西5－751
電話番号	072－332－2041
FAX	072－336－4158
URL	http://www.kohnan.co.jp/
設立年月日	1976年12月
資本金	7000万
事業内容	6次産業化のプロモーション 米穀の加工・卸メーカー 農産物・食品類の企画・開発・販売

気《き》づきがあなたを変《か》える
100の心得集《こころえしゅう》

発行日 二〇一六年五月五日 初版第一刷発行
著者 川西 修
発行 フジサンケイビジネスアイ
（日本工業新聞社）
〒556-8660 大阪市浪速区湊町二丁目一番五七号
電話〇六（六六三三）一二二一
発行者 両金 史素
編集 伊藤 昭
カット 平瓦 正幸
発売 図書出版浪速社
〒540-0037 大阪市中央区内平野町二丁目二番七号五〇二
電話〇六（六九四二）五〇三二㈹
FAX〇六（六九四三）一三四六
印刷・製本 株式会社 日報印刷

ISBN978-4-88854-496-2